KB055193

20
Abnormal Psychology

연극성
성격장애

김정욱 · 한수정 지음

_ 허기진 애정과 관심

학지사

'이상심리학 시리즈'를 내며

21세기를 살아가는 우리는 급격한 변화와 치열한 경쟁으로 이루어진 현대사회에 적응해야 하는 커다란 심리적 부담을 안고 있다. 이러한 현실 속에서 현대인은 여러 가지 심리적 문제와 장애에 직면하게 될 가능성이 높다.

정신건강에 대한 사회적 관심이 증대되면서, 이상심리나 정신장애에 대해서 좀 더 정확하고 체계적인 지식을 접하고자 하는 사람들이 늘어나고 있다. 그러나 막상 전문서적을 접하게 되면, 난해한 용어와 복잡한 체계로 인해 쉽게 이해하기 어려운 것이 현실이다.

이번에 기획한 '이상심리학 시리즈'는 그동안 소수의 전문가에 의해 독점되다시피 한 이상심리학에 대한 지식을 일반 독자들에게 소개하기 위한 것이다. 이를 위해서 다양한 정신장애에 대한 최신의 연구 내용을 가능한 한 쉽게 풀어서 소개하려고 노력하였다.

'이상심리학 시리즈'는 서울대학교 심리학과 임상 · 상담 심리학 교실의 구성원이 주축이 되어 지난 2년간 기울인 노력의 결실이다. 그동안 까다로운 편집 지침에 따라 집필에 전념해준 집필자 모두에게 감사드린다. 아울러 어려운 출판 여건에도 불구하고 출간을 지원해주신 학지사 김진환 사장님과 한 권 한 권마다 좋은 책이 될 수 있도록 성심성의껏 편집을 해주신 편집부 여러분에게 고마움을 표한다.

인간의 마음은 오묘하여 때로는 "아는 게 병"이 될 수 있다. 그러나 이러한 우려보다는 "아는 게 힘"이 되어 보다 성숙하고 자유로운 삶을 이루어나갈 수 있는 독자 여러분의 지혜로움을 믿으면서, '이상심리학 시리즈'를 세상에 내놓는다.

서울대학교 심리학과 교수

원호택, 권석만

2판 머리말

20세기 초에 브로이어와 프로이트는 '히스테리 연구'를 통해서 심리치료의 기반을 이룩하였다. 이후 히스테리의 개념은 보다 세분화되었고, 히스테리적인 측면이 성격적인 장애로 나타나는 것을 연극성 성격장애라고 명명하기에 이르렀다.

연극성 성격장애는 다른 사람으로부터 관심을 끌려는 행동이나 감정 표현이 광범위하고 지나치게 나타나는 특징을 보인다. 이런 사람들은 자신이 관심의 초점이 되지 못하면 불편해하고, 성적으로 도발적인 행동도 서슴지 않으며, 감정이 잘 변하고, 극적이고 과장된 표현을 잘한다. 이렇듯 연극성 성격장애란 스스로 자기 가치를 찾지 못하고 남으로부터 인정과 사랑을 받기 위해 자신을 애써 꾸며보여야 하는 사람들이 가진 장애라고 할 수 있다.

연극성 성격장애는 결코 치료하기 쉬운 심리장애는 아니지만, 내담자들이 자기 마음의 진실을 보려는 동기와 소망이 있는 한 전문가의 도움 속에서 치료 성과를 거둘 수 있다. 비록 성격장애까지는 아니라고 해도 우리 마음속에 잘나고 싶고 사랑받고 싶고 인정받고 싶은 마음이 공통적으로 있는 한, 그리고 자기 마음속에 참사랑과 인정을 품지 못하고 밖에서 뭔가 내세울 만한 것을 찾아야 하는 한 연극성 성격장애자들이 지닌 많은 생각과 느낌을 우리도 어느 정도는 다 지니고 있다고 보아야 할 것이다.

이 책을 통해 연극성 성격장애를 이해함으로써 인간이 보편적으로 지닌 심리적인 갈등과 결핍감에 대해 좀 더 이해하고, 나아가 우리 자신의 마음을 이해하는 기회를 가질 수 있었으면 하는 바람이다. 이 책이 나오기까지 도움을 주신 많은 분에게 진심으로 감사드리며, 부족한 부분에 대해서는 많은 지적을 보내주시길 바란다.

2016년
김정욱, 한수정

차 례

2 연극성 성격장애는 왜 생기는가 — 83

연극성 성격장애란
무엇인가

1. 성격과 성격장애

1) 성격이란 무엇인가

우리는 흔히 "그 사람 성격이 이상하다"든가, "성격이 맞지 않아서 자주 싸운다"라는 등의 말을 한다. 성격이라는 말은 일상적으로 사용하고 있고, 또 자연스럽게 뜻이 통하는 것 같다. 우리는 성격이 어떤 것인지에 대해 매우 잘 알고 있는 듯하다. 그렇다면 성격은 어떻게 정의할 수 있을까?

성격 심리학자에 따르면, 성격이란 "그 사람을 그 사람이게 하는" 인지적 · 행동적 · 정서적 특성들의 총체적인 집합 및 조합으로, 지속적으로 환경과 상호작용하며 변화 발전해나가는 역동적인 체계다(Pervin, 1996). 인지, 행동, 정서의 어떤 특성들이 조화되어 나타나는 것을 우리는 흔히 성격이라고 부르는 것이다.

정신분석학자 여만스, 클라킨과 컨버그(Yeomans, Clarkin, & Kernberg, 2013)는 성격을 개인의 행동패턴이 역동적으로 조직화된 것이라고 본다. 그는 기질과 인지적 역량, 가치체계가 성격의 구성요소가 된다고 본다. 기질은 정동조절과 관련된 타고난 소인으로 성격에 영향을 주며, 가치체계의 통합 역시 성격의 중요한 요소다. 성격이 통합되지 않고 장애가 있는 경우 가치체계, 즉 초자아에 문제가 있는 경우가 많다.

2) 성격장애란 무엇인가

그렇다면 성격장애란 무엇일까? 성격에 장애가 있다는 것은 개인의 행동적 · 인지적 · 정서적 특성에 장애가 있음을 의미한다. 성격장애마다 인지, 정서, 행동 중 장애가 두드러지는 영역이 있고, 각 영역마다 장애 정도에 차이가 있으며, 그러한 장애가 두드러지게 나타나는 상황에도 차이가 있다. 진단적으로는 인지, 정동, 대인관계, 충동조절의 영역에서 개인이 사회의 문화적 기대에서 심하게 벗어나는 경우에 성격장애라고 할 수 있다.

인지적 측면에서 그 순간에 생생하게 떠오르는 생각과, 무의식에 묻혀있어서 스스로 의식하지는 못하지만 그 사람의 감정이나 행동에 지대한 영향을 미치는 생각이나 뿌리 깊은 신넘으로 나뉠 수 있다.

감정도 현재 생생하게 밀려오는 감정과, 심층적인 곳에 흐르고 있지만 억압되거나 부인하고 싶어 지금은 느끼지 못하는, 그러나 행동이나 생각에 큰 영향을 미치는 감정이 있을 수 있다. 따라서 성격장애의 특성을 살펴볼 때는 이렇게 겉으로 드러나는 측면과 심층적인 측면을 함께 고려할 수 있어야 한다.

그렇다면 각 영역에서의 결함이 어느 정도로 심해야 성격의 '장애'라고 할 수 있을까? 사실 누구나 스트레스가 좀 심해지면 평소보다 더 소심해지기도 하고, 사람들이 모두 자신을 비웃는 것 같은 과도한 해석을 하여 지나치게 우울한 감정을 느끼게 되기도 한다. 하지만 스트레스가 해결되었을 때 그런 지나친 괴로움과 고통도 함께 사라진다면, 이를 성격에 장애가 있다고 보기는 어려울 것이다. 또 어떤 부적응적인 성격 특성이 지속된다고 해도 그 정도가 어느 정도까지 심해야 장애가 되는가에 대한 명백한 기준은 사실 설정하기가 어렵다.

DSM-5에서는 성격장애를 크게 3가지 군집 10가지 하위 유형으로 구분하고 있다. 사회적으로 고립되고 기이한 성격특성을 나타내는 성격장애를 지닌 A군 성격장애에는 편집성, 분열성, 분열형이 속한다. 또한 정서적으로 극적인 성격특성을 나타내는 B군 성격장애에는 반사회성, 연극성, 경계선, 자기애성이 속하며, 불안하고 두려움을 많이 느끼는 C군 성격장애에는 강박성, 의존성, 회피성이 속한다. ◈

2. 성격 조직

성격을 이해하는 데 있어서, 우선 성격 조직을 이해하는 것이 필요하다. 우리가 겉으로 드러나는 행동 하나하나로 사람을 판단하기보다 그런 행동이 나타나게 하는 이면의 심리 구조나 조직을 이해하는 것이 성격을 이해하는 데 있어서 도움이 되기 때문이다. 같은 행동도 사람에 따라 그 의미나 기능이 달라질 수 있다. 앞에서 제시한 DSM-5 기준은 주로 관찰 가능한 행동을 기준으로 장애를 진단하는 방식이라고 할 수 있다. 이런 기준과 방식은 표면으로 드러나는 행동을 중시하기 때문에 심리구조 측면에서 성격을 이해하는 데는 한계가 있다고 볼 수 있다. 이 점을 보완하기 위해서 여기서는 성격 구조 또는 조직에 대해 살펴보려고 한다. 좀 더 포괄적으로 성격장애 간의 관계를 이해하기 위해서는 성격 조직에 대해 이해해야 할 수 있다.

여만스, 클라킨과 컨버그(Yeomans, Clarkin, & Kernberg, 2013)는 성격조직을 크게 신경증적 성격조직, 경계선 성격조직, 정신증적 성격조직으로 분류한다. 이들은 성격조직을 3가지 심리적 기능영역에서 평가하고 관련짓는다. 또한 여러 성격장애를 이러한 분류체계 안에 정리하였다.

우리가 알고 있는 성격장애들은 경계선 성격조직에 속하는 경우가 많으며, 이들 장애들은 공통점을 많이 지닌다고 볼 수 있다. 연극성 성격장애histrionic personality disorder 또한 경계선 성

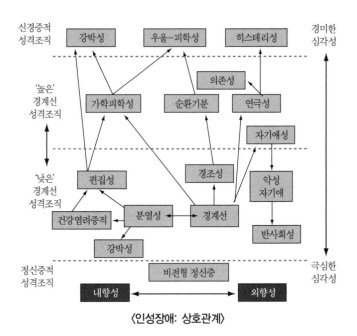

〈인성장애: 상호관계〉

격조직에 속한다. 즉, 성격장애들이 별개의 병리라기보다는 서로 비슷한 요소가 많다고 할 것이다. 경계선 성격조직을 지닌 개인은 전반적으로 자아가 취약한 특성을 보인다. 자아가 취약하다는 것은 불안을 조절하기 어렵고 충동을 조절하기 어렵고 승화능력이 부족한 것이라고 할 수 있다. 또한 대인관계에 문제가 있고, 일과 사랑에서 헌신하기 어려운 문제가 있고, 성적인 병리와 초자아 병리가 있는 경우다. 초자아 병리는 너무 엄격하고 경직되게 자신과 남을 평가하고 핍박하는 것으로 이해할 수 있다.

3가지 기능영역은 정체성, 현실검증 및 방어기제를 가리킨다. 정체성이란 내재화된 자기표상과 대상표상으로 이루어진다. 그래서 정체성이 통합되어 있다는 것은 이 두 표상이 잘 통합되어 있다는 것을 의미한다. 정체성 혼미란 자기표상과 대상표상이 파편화되어 있어서 중심이 결핍된 느낌을 주고 일관된 신념이나 가치 목표가 없는 상태를 의미한다. 파편화란 자기나 대상의 부분들이 조각조각 나있어서 중심이 잡혀있지 않고 그때그때 새로운 부분들이 너무 우세해지는 것이라 할 수 있다. 상황에 따라 자신이나 대상에 대한 판단이 과도하게 결정되어 조그마한 일만 생겨도 심하게 흔들리는 것이라고 할 수 있다.

현실검증이란 간단히 현실과 환상을 잘 구분하는 능력이라

할 수 있다. 여기에는 자기와 자기가 아닌 것을 구분하는 역량이 포함된다. 심리적으로는 자기가 아닌 것을 구분할 수 없는 경우가 생각보다 많다. 가까울수록 더 그럴 수 있다. 그리고 자극이나 지각에 대해 심리내적인 것인지 외적인 것인지 구분할 수 있는 역량이 포함되고, 현실에 대한 상식적인 감각도 포함된다.

방어기제란 일반적으로 마음이 정동, 추동, 추동에 대한 금지, 외부 현실을 고려해서 타협하는 수단이라고 할 수 있다. 개인은 원시적 방어에서 성숙한 방어로 발달해간다. 성숙한 방어는 심리적 갈등과 외부 현실의 복합성을 다루는 데 있어서 융통성을 제공하는 반면, 원시적 방어는 경직되고 적응을 돕지 못한다. 원시적 방어는 분열을 중심으로 조직되어 있는데, 이것이 경계선 성격조직을 구성하는 데 중요한 요소다. 분열이란 좋고 나쁜 자기표상과 대상표상이 극단적으로 분리되어 있는 것이다. 어느 순간 자기를 매우 좋게 생각하다가 작은 잘못에도 너무 나쁘다고 생각하는 경우이며, 대상에 대해서도 마찬가지다. 사소한 잘못에도 대상을 너무 나쁘게 보고 용서할 수 없다면 분열 상태에 있다고 볼 수 있다.

이러한 3가지 기능영역은 서로 연관성이 있다. 이들 영역을 평가함으로써 한 개인의 성격 구조에 대해 판단하고 이를 이후 치료에 고려해야 할 것이다. ◆

3. 연극성 성격장애의 특성

지금부터는 연극성 성격장애자들의 특성을 행동 영역, 감정 영역, 사고 영역, 대인관계 영역 등으로 나누어 살펴보기로 한다.

1) 행동 영역

(1) 마치 연기를 하는 것 같은 행동

연극성 성격장애자임을 가장 일차적으로 드러내는 것은 그들의 행동 특성이다. 연극성이라는 명칭에서도 알 수 있듯이 이들의 행동은 솔직하기보다는 마치 연극무대에서 역할을 '연기'하는 것과 같은 경우가 많다. 이들은 자신이 처한 상황에서 다른 사람이 자신을 좋아해주고 인정해줄 것 같은 모습이 어떤 것인지를 재빨리 파악하고 그에 맞추어 행동하기 때문이다. 상황이라는 무대에서 다른 사람들은 그 상황에 속해 있는 청중이며, 자신은 그 청중에게 인정과 사랑을 받아야 하는 배우처럼 부지불식간에 생각하는 것이다. 하지만 자신의 내면에 이러한 생각이 있다는 것을 이들은 거의 의식하지 못한다.

똑같은 연극성 성격장애자라도 어떤 환경에서 주로 어떤 역할연기를 하면서 살아왔는지에 따라 두드러지게 드러나는 행동 특성이 다르고, 또 똑같은 한 사람이라도 처한 상황에 따라 보이는 행동 특성이 달라지기도 한다. 이 중에서 가장 전형적이고 일반적으로 드러나는 행동 특성의 하나는 감정을 표현하고 상황을 설명하는 등 말하는 방식이 매우 극적이라는 것이다. 손짓발짓을 동원하는 것은 물론, 목소리의 톤이나 표정도 아주 변화무쌍하다.

따라서 이들과 같이 있으면 처음에는 재미있고 금방 친해지는 것 같은 느낌이 들 수도 있다. 그러나 때로는 감정을 과장하는 것처럼 느껴져 공감이 잘 되지 않기도 하고, 관계가 지속되다 보면 저 사람의 속마음은 대체 무엇일까 싶어 오히려 거리감을 느끼게 되기도 한다.

이들은 상담이나 심리치료를 받으러 와서 자신이 어떤 일 때문에 얼마나 힘든가를 이야기할 때조차도 자기 진심을 표현한다기보다는 마치 다른 사람 애기를 하는 것처럼 보일 수 있다. 그래서 치료자에게는 이들이 마치 연기를 하는 것처럼 느껴지는 경우가 많다. 이들은 자신의 진정한 문제를 이야기하기가 어려운 사람들이다.

(2) 다른 사람의 관심을 끌려는 외모

연극성 성격장애자들은 외모에도 무척 신경을 많이 쓴다. 이들은 자신의 외모로 다른 사람의 관심을 끌고 싶어 하고 '예쁘다' 혹은 '멋있다'는 평가를 듣고 싶어 한다. 연극성 성격장애자들은 부지불식간에 다른 사람들이 자신을 쳐다보고 자신의 모습에 대해 평가할 것이라는 가정을 가지고 있기 때문에 다른 사람에게 매력적이라는 인상을 심어주려고 노력하며, 따라서 다른 사람의 관심을 끌기 위해서는 외모를 매력적으로 가꾸어야 한다는 생각을 지니고 있다. 여성의 경우에는 자신의 여성적 매력을, 남성의 경우에는 남성적 매력을 강하게 부각시키고 싶어 한다. 따라서 편하고 실용적인 옷보다는 몸매가 드러나는 옷차림이나 귀엽고 예쁘고 멋있어 보이는 옷차림을 선호한다.

누구나 매력을 느끼는 외모에는 개인차가 있을 것이고 이에 대한 평가는 상당히 주관적이다. 중요한 점은, 이들이 객관적으로 예쁘고 멋있게 꾸민다는 것이 아니라 다른 사람의 관심을 끈다는 궁극적인 목표 아래 예쁘게 혹은 멋있게 혹은 매우 '튀게' 자신의 외모를 꾸미는데, 그것이 너무 지나쳐 오히려 혐오감을 주거나 촌스러워 보이거나, 상황이나 나이를 고려했을 때 부적당해 보이기도 한다는 것이다. 연극성 성격장애자들에게는 옷차림이나 외모를 통해서 사람들의 관심을 받고 싶어 하고, '예쁘다' 혹은 '멋있다'라는 남들의 평가를 통해 사람들이 자신을 좋아하게 하며, 자신이 괜찮은 사람임을 확인받고 싶어 하는 욕구가 있다.

(3) 이성에 대한 유혹적인 행동과 성적인 의미

이와 비슷한 맥락에서, 연극성 성격장애를 지닌 사람들은 이성에게 유혹적인 행동을 하는 경우가 많다. 괜히 남자들 앞에 서면 애교 있는 목소리를 내고 귀여운 표정을 지어보이고 눈웃음을 치는 여자 또는 여자들에게 뭔가 암시하는 듯한 그윽한 눈빛을 보내고 지나치게 친절을 베푸는 남자를 떠올려보자. 노골적인 유혹이 아니더라도 이들은 상대방에게 이성으로서의 관심을 끄는 행동을 자주 한다.

우리는 가끔 주변에서 어떤 여자가 자신을 좋아하는 줄 알고 거의 맹목적으로 그 여자를 좋아하는 '순진한' 남성을 볼 수 있다. 그 여자가 보인 행동을 뭔가 자신에게 이성적인 호감이 있음을 의미하는 것으로 해석했기 때문이고, 이는 여자의 행동들이 상당히 유혹적이었음을 의미하는 것일 수 있다. 그러나 정작 여자 자신은 자기의 행동이 어떻게 보이는지, 자기 내면에 이성에게 잘 보이고 싶은 어떤 의도가 있는지에 대해 잘 인식하지 못한다. 다른 사람이 그런 지적을 하면 오해라고 억울해 하는 경우가 더 많다. "나는 친절하려 했고 좋게 대하려고 했을 뿐이다. 그러면 사람들 앞에서 웃지도 말고 무뚝뚝하게 대하란 말인가?"라는 항변을 하는 사람들도 가끔 볼 수 있을 것이다.

연극성 성격장애자들이 이렇게 자기 행동의 의미를 잘 인정하지 못하는 것은 '부인denial' 방어기제를 많이 사용하기 때문인 것으로 설명할 수 있다. 즉, 자신의 내면에 '상대방이 나를 좋아하게 만들겠다'는 의도가 있음을 무의식적인 수준에서 그냥 부인해버리려는 경향이 전반적으로 이들을 사로잡고 있기 때문에 의식적으로는 이를 느끼지 못하는 것이다.

2) 감정 영역

연극성 성격장애자들이 곧잘 느끼는 감정은 무엇이고, 그런 감정은 주로 어떤 때 경험할까? 또 감정을 느끼는 스타일은 어떠하며, 이를 표현하는 방식은 어떠할까?

(1) 감정이 지나치게 풍부하다

흔히들 '감정이 풍부한 사람'이라는 말을 많이 한다. 감정이 풍부한 사람이 모두 연극성 성격인 것은 아니지만, 연극성 성격인 사람은 감정이 매우 풍부해 보인다. 이들은 별로 그럴 법하지 않은 상황에서도 여러 종류의 감정을 느낀다. 또한 설령 그런 감정이 들 만한 상황이라고 하더라도 감정을 느끼는 정도가 지나치게 극단적인 경우가 많다.

예를 들면, '그 사람 너무 하네' 하는 정도의 감정을 느낄 만한 상황이라면 '세상에, 어떻게 그럴 수가 있어?' 정도의 분노를 느끼는 것이다. 또 '참 잘된 일이네' 정도로 느낄 만한 상황이라면 '아, 정말 너무너무 행복하다!'는 정도로 기쁨을 느끼는 것이다.

이들은 일상생활을 하는 데 있어서도 이러한 감정의 영향을 많이 받는 것 같다. 기분이 아주 좋을 때는 직무 수행이나 공부에서 더 좋은 능력을 발휘하기도 하지만, 반대로 기분이 처져 있거나 우울할 때는 늘 하던 일도 제대로 못하거나 책임을 져야 할 일도 될 대로 되라는 심정으로 포기해버릴 수 있다.

(2) 감정의 기복이 심하고 깊이가 없다

감정 기복이 심한 것은 연극성 성격장애자들의 아주 중요한 특성이다. 이들은 앞에서 살펴본 바와 같이 다른 사람들의 시선 등 주변 상황에 매우 민감하기 때문에 이러한 외부 변화에 따라 감정이 금방 바뀌게 된다. 예를 들어, 상대가 나를 좋아해 주는 것 같으면 금방 기분이 좋아졌다가 조금만 잘 대해 주지 않는 것 같으면 금방 기분이 상하고 시무룩해지기도 한다.

이렇게 감정이 쉽게 변하다 보니 이들이 느끼는 감정은 극단적이라고 할 정도로 강렬하지만 실상은 깊이가 없고 피상적이며, 자신의 깊은 내면의 진솔하고 진정한 감정을 느끼는 경우는 그다지 많지 않다. 그래서 대체로 연극성 성격인 사람들에게서는 진솔한 교감을 했다거나 깊은 내면을 만났다는 느낌을 받기가 어렵다.

(3) 마음 깊은 곳에 흐르는 부정적인 감정

연극성 성격장애자들의 마음 깊은 곳에는 '나는 못났다'라는 열등감, 그리고 이런 생각과 관련된 심한 우울감, 이를 자꾸 자극하는 다른 '잘난 사람들'에 대한 분노와 적대감의 감정이 자리 잡고 있는 것 같다.

이러한 내면 깊숙한 감정을 있는 그대로 느끼고 직면한다는 것은 이들에게는 너무 힘들고 괴로운 일이다. 왜냐하면 자신에게 이런 부정적인 감정이 있다는 것을 인정한다는 것은 '나는 나쁜 사람, 못난 사람'임을 인정하는 것을 의미하기 때문이다. 외적으로는 때로 자신만만해 보일지 몰라도 근본적으로는 자신감이 부족한 이들에게 이러한 감정을 인식하는 것은 너무 큰 위협이 된다. 따라서 연극성 성격장애자들은 이러한 부정적인 감정을 자꾸 외면하고 인정하지 않으려고 애쓴다.

이들의 감정이 피상적으로만 흐르는 이유 중의 하나는, 자기 자신에게 이러한 깊은 내면 감정을 느낄 틈을 주지 않기 위해서 일부러 피상적인 감정을 과장되게 극단적으로 부풀리기 때문이라고 할 수 있다.

(4) 채워지지 않는 애정욕구

연극성 성격장애자의 마음 깊은 곳에는 다른 사람의 관심을 끌고 그들에게 사랑과 인정을 받고 싶은 필사적인 욕구가 있다. 대부분의 사람도 어느 정도는 다른 사람의 관심과 인정을 받고 싶어 하지만 이처럼 '탐욕스럽게' 추구하지는 않는다. 다른 사람의 애정과 관심에 대한 욕구는 아무리 채워도 채워지지 않는 밑 빠진 독과 같아서 성이 차지 않는다. 조금이라도 이 밑 빠진 독이 비기 시작하면 우울하고 불안해진다.

사람들이 나를 싫어하는 게 아닐까, 좋아하지 않는 게 아닐까 염려하고, 만약 사람들이 자신을 인정해주지도 좋아해주지도 않는다고 생각되면 이들은 매우 우울하고 공허해하며 사는 게 허무하다고 느끼는 경우가 많다. 마냥 슬퍼지고 깊은 절망감을 느끼기도 한다. 그러다가도 누군가가 자신을 좋게 보아

주는 것 같으면 마치 어린아이처럼 즐거워져 세상은 정말 살
맛나는 곳이고 희망으로 가득 찬 곳이라고 느끼기도 한다.

(5) 어린아이 같은 의존욕구

연극성 성격장애자에게서 또 한 가지 빼놓을 수 없는 중요
한 특징은 어른이 되어서도 마치 아이처럼 기대고 싶어 하는
의존욕구다. 스스로 자신을 돌보고 보호할 능력이 없는 어린
아이에게 있어 의존욕구는 매우 자연스러운 것으로, 생존을
위해 없어서는 안 될 필수적인 것이다. 아이는 부모(혹은 부모
의 역할을 담당한 사람)와의 관계에서 이러한 의존욕구를 느끼
고 표현하며, 부모의 보살핌과 보호에 의해 이 욕구를 충족시
킨다.

이러한 욕구를 적절한 시기에 충분히 충족시키게 되면 아
이는 점차 성장하면서 하나의 독립적인 개체로서 자율성을 획
득하고자 하는 욕구를 자연스럽게 느끼게 된다. 스스로를 돌
보고 자율적으로 자신의 일을 처리할 수 있는 신체적 · 정신적
능력이 점차 발달하면서 이러한 자율성의 욕구를 스스로 충족
시키게 되고, 더 어렸을 때의 전적인 의존욕구를 점차 줄여나
가며, 자신의 나이에 맞게 자율성과 독립에 대한 욕구와 의존
욕구의 비율을 잘 조절하고 조화시켜나가게 되는 것이다.

그런데 연극성 성격장애자들은 의존욕구의 비율이 나이에

맞지 않게 너무 높다. 이들은 다른 사람들에게 과도하게 의지하려 하고 상대방이 자신을 위해주고 보살펴줄 것을 지나치게 기대한다. 따라서 이러한 부적절한 기대 때문에 좌절과 분노를 느끼는 경우가 많다. 또 자신의 판단이나 의사결정이 다른 사람의 의견이나 감정에 의해 지나치게 좌지우지되며, 이러한 패턴이 계속 반복되면 더욱 자율적으로 행동하기 어렵게 되는 악순환이 지속된다.

(6) 반복적인 시기와 질투, 적개심

한편, 이와 관련하여 연극성 성격인 사람들이 곧잘 겪는 주요 감정 중의 하나는 시기와 질투, 경쟁심, 그리고 이로 인한 강한 분노다. 이들은 사람들의 관심과 애정을 제로섬zero-sum 게임으로 생각하는 경향이 아주 다분하다. 다시 말하면, 자기가 아닌 다른 사람에게 관심이나 애정이 주어지면 이는 자신이 받아야 할 것이 모두 남에게 가는 것이기 때문에 '다른 사람한테 나의 애정을 빼앗기는 것'이라고 느끼게 된다. 연극성 성격장애자들은 누군가가 다른 사람에게 관심을 갖는다고 해도 동시에 그 사람이 자신에게도 관심을 가질 수 있다는 생각을 하지 못하기 때문에 자신이 받아야 할 관심과 인정을 가로챌 만한 '소지'가 있는 사람에 대해서 심한 경쟁심을 느끼게 되는 것이다.

또 자신보다 관심을 더 받는 것 같은 사람에 대해 매우 강한 시기심과 더 나아가 적대감까지 느끼게 된다. 이들은 자신의 감정이 시기심이라는 것을 인정하기 어렵기 때문에 이를 잘 인식하지 못하는 채로 자꾸만 상대방의 결점을 찾아내려고 한다. 심지어 상대방에 대한 자신의 적개심을 부지불식간에 투사하여 상대방의 일거수일투족을 자신에 대해 적개심을 가지고 있는 것처럼 해석하고 피해의식을 느낀다.

어떤 경우에는 기분이 나빠지고 시무룩해지는데 그 이유를 스스로도 잘 알지 못하고, 이 나쁜 기분이 과연 무엇인지조차 잘 변별하지 못하기도 한다. 하지만 이러한 경우에도 상황을 찬찬히 분석해보면 자기도 모르는 사이에 관심과 인정을 받지 못하고 애정을 빼앗긴 데 대한 좌절감을 느끼고 있는 경우가 많다.

(7) 지나친 예민성과 피해의식

연극성 성격장애자들은 다른 사람들의 행동에 극도로 민감해서 다른 사람들이 자신을 어떻게 생각하는가에 따라 기분이 달라진다. 그렇다면 이들은 왜 이렇게 예민할까?

사람이 살아가면서 주관적인 안녕 상태를 유지해가는 데 가장 초석이 되는 것은 흔히 말하는 자신감, 즉 '나는 괜찮은 사람이다'라는 자기존중감이다. 연극성 성격장애자들은 이러한 자기존중감이 매우 부족한 사람들이라고 볼 수 있다. 그래서 주관적인 안녕을 유지하면서 살아가려면 '나는 괜찮은 사람이다'라는 확신을 자꾸 얻어야 한다.

그런데 이들은 내면에 기본적인 자신감이 부족하고 열등감이 있기 때문에 스스로는 이런 자기존중감을 유지시키기가 어렵다. 따라서 '나는 괜찮은 사람이다'라는 느낌을 다른 사람이나 주변 환경에서 어떻게든지 찾으려고 하는 것이다. 그러다 보니 다른 사람이 자신을 좋아해주는지, 인정해주는지가 이들에게는 아주 중요한 관심사가 되고, 그 결과 다른 사람의 행동에 예민해질 수밖에 없는 것이다.

또한 같은 맥락에서, 다른 사람이 자신을 비난하는 말을 하거나 자신을 좋아해주지 않는 것처럼 느낄 때는 강한 분노와 피해의식을 느끼게 되는 것이다. 그러한 피해의식에는, 다른 사람의 행동을 자신을 공격하는 것으로 쉽게 해석해버리는 경향성이 크게 기여한다. 다른 사람을 믿지 못하고, 다른 사람의 행동에 숨겨진 의도를 마음대로 상상을 거듭하여 '뭔가 나를 곤경에 빠뜨리거나 공격하려는 것이다'라는 결론에 도달하는 경우가 매우 많다.

(8) 감정에 몸을 맡겨버리는 충동성

우리는 일상생활에서, 어떤 사람이 이성적인 사람인가 감정적인 사람인가와 같은 식으로 이분법적으로 나누어 얘기하는 경우가 많다. 하지만 누구에게나 이성적인 측면과 감정적인 측면은 공존한다. 사고와 감정 간의 관계는 여러 가지 차원에서 설명할 수 있다. 어떤 상황을 어떻게 생각하고 해석하느냐에 따라, 즉 생각의 결과로 특정한 감정이 유발되기도 하고, 그런 감정 상태에 있기 때문에 그 상황을 더욱 그런 방식으로 해석하게 되기도 한다.

예를 들어, 나에게 인사를 하지 않고 지나간 A라는 사람의 행동을 '나를 싫어해서다'라고 해석한 B씨는 기분이 우울해질 수도 있고, 우울한 기분 상태에 있다 보니 다른 사람들의 행동이 왠지 다 '나를 싫어하기 때문에 하는 행동'처럼 보일 수도 있다.

어떤 감정을 느낀다는 것은 우리 자신에게 알게 모르게 상당히 위협적인 일인 경우가 많다. 감정에 빠진다는 것은 우리를 더욱 충동적이게 하고, 이성적이고 합리적인 판단을 흐려지게 만들 소지가 많기 때문이다. 그럼에도 불구하고 우리는 일상생활에서 감정을 느끼고 표현하며, 이때 적어도 의식적으로는 별다른 위협을 느끼지 않는다. 이것은 우리가 감정 경험이 주는 이러한 무의식적 긴장과 위협을 견디면서 이를 현실에 맞게 잘 조절하고 표현할 수 있는 이성적인 통제 능력을 가지고 있기 때문이다. 즉, 감정을 조절하고 통제하는 것이 이성이 가진 또 하나의 능력이자 역할이기도 한 것이다. 이러한 통제는 적당한 수준에서 이루어져야 하며, 통제와 조절 능력이 너무 약하거나 지나치게 강해도 좋지 않다.

연극성 성격장애자들은 이러한 감정에 대한 이성의 통제력이 잘 발달되어 있지 못하다. 그래서 쉽게 감정에 휩싸이고 충동적으로 행동하는 경우가 많다. 우울이나 분노에 휩싸이면 해야 할 일들도 쉽게 내팽개치고 상황에 맞지 않는 행동으로 감정을 터뜨려 주변 사람을 당황하게 하기도 한다. 반면, 감정이 주는 위협이 너무 큰 나머지 지나치게 감정을 억누르고, 자신에게 부정적인 감정이 느껴진다는 것, 성욕 등 어떤 충동이 든다는 것 자체를 부인하려고 하기도 한다. 이러한 극단적 억압과 충동적인 분출은 매우 불규칙하게 반복된다. 또 언제 억압하고 언제 분출하는가 하는 것은 어떤 상황에 처했는가에 따라 다르게 나타난다.

3) 사고 영역

누구나 세상을 해석하는 나름대로의 독특한 방식과 이해의 틀이 있다. 이를 심리학에서는 도식schema 또는 개인 구성 체계personal construct라고 한다. 이러한 도식의 내용과 구조가 사람마다 조금씩 다르기 때문에 똑같은 상황에 처해서도 사람마다 상황을 이해한 결과가 다르고, 따라서 다르게 행동하고 대처하게 된다.

그렇다면 연극성 성격장애자들이 주변 환경과 사람들의 행동을 해석하는 '방식'은 어떠할까? 나라는 사람에 대한 생각, 즉 자기개념self-concept의 내용은 어떠할까? 의식적으로 드러나는 것과 내면 깊숙한 곳에 자리 잡은 내용은 어떻게 다를까?

(1) 자신의 인상에 근거한 모호한 상황 지각

연극성 성격장애자들은 주변 환경을 매우 '인상주의적'으로 지각한다. 다시 말해서, 어떤 상황에 처할 때, 혹은 다른 사람의 말을 듣거나 행동을 볼 때 구체적이고 세부적인 사실들을 머릿속에 있는 그대로 잘 '입력'시키지 못하고 자신의 기분이나 상태에 따라서 그 상황이나 상대방이 자신에게 준 대략적인 '인상'만 기억하는 경향이 매우 높다.

이들에게 어떤 상황을 설명해보라고 하면 객관적인 사실이나 세부사항은 잘 보고하지 못하는 경우가 많아서 자신이 해석하고 느낀 바에 따라 얘기를 잘 엮어나가기는 하지만, 실제로 그 상황이 어떤 것이었는지 듣는 사람이 제대로 파악하기 어렵다. 이러한 경향성 때문에 나중에 사람이나 상황에 대한 판단을 내릴 때 구체적인 사실에 근거하지 못하고 자기가 주관적으로 가졌던 인상과 느낌을 판단의 잣대로 삼게 된다. 바로 이 과정에서 자신의 감정이나 선입견 또는 잘못된 신념이 상황 판단에 개입하게 되어 생각의 왜곡이나 오해가 빚어지기 쉬운 것이다.

(2) 인지적 오류

사람은 어떤 상황에 처하면 거의 반사적으로 상황에 대한 해석과 판단을 내리게 된다. 이렇게 즉각적이고 자동적으로 일어나는 생각을 자동적 사고라고 부르는데, 이는 말 그대로 자동적으로 머릿속에 떠오르는 것이기 때문에 우리가 잘 인식하기 어려운 경우가 많다. 인지적 오류란 이러한 자동적 사고, 즉 상황에 대한 해석과 판단이 비합리적으로 왜곡된 경우를 일컫는다.

① 이분법적 사고

연극성 성격장애자들은 모 아니면 도, 혹 아니면 백이라는 이분법적인 사고를 하는 경향이 있다. 예를 들어, 상대방은 나를 좋아하는 사람이거나 나를 싫어하는 사람 둘 중의 하나일 뿐, 나의 어떤 점은 좋아할 수도 있고 어떤 점은 마음에 들어 하지 않을 수도 있는 사람이거나, 별로 좋아하지도 싫어하지도 않고 그냥 보통 정도인 사람이라고는 잘 생각하지 못한다. 이는 분열 기제와 비슷하다고 볼 수 있다.

또한 인정과 사랑에 있어서도 '전적으로 인정받고 사랑 받는다'와 '인정과 사랑을 전혀 받지 못한다'라는 2가지의 극단적인 상태만 있는 것처럼 판단을 내린다. '인정받을 때도 있고 못 받을 때도 있지'라거나, '70% 정도는 인정을 받은 것 같다'와 같이 중간 단계로 해석하는 경우가 별로 없다. 이는 연극성 성격장애자들이 중간 단계로 생각할 수도 있다는 것 자체를 잘 모르기 때문이기도 하다.

② 과잉일반화

이러한 이분법적 사고의 오류는 과잉일반화의 오류에 의해 부정적 파급 효과가 더욱 증폭된다. 예를 들어, 이번에 상대방이 나에게 잘해주지 않은 것은 '상대방이 나를 좋아하지 않는다'는 사실을 의미하는 것으로 금세 일반화되어버린다. 한 번 실수한 것도 연극성 성격장애자들에게는 '나는 정말 무능력한 사람'임을 증명하는 것인 셈이 된다. 또 어떤 사람과 관계가 안 좋은 것은 '나의 대인관계에 문제가 있다' 혹은 '모든 사람이 나를 좋아하지 않는다'로 과도하게 일반화되어버린다.

이러한 이분법적 사고와 과잉일반화의 오류는 연극성 성격장애자들로 하여금 극단적인 해석을 내리고 그 결과 극단적인 감정을 느낌으로써 더욱 감정을 조절하기 어렵게 만들어 충동적으로 행동하게 할 가능성을 높인다. 따라서 부적응적인 대인관계 갈등을 일으키거나 '일'의 영역에서도 실수를 하거나 능력을 발휘하지 못하게 만드는 파국적인 악영향을 미치게 만든다.

③ 정서적 추리

한편, 연극성 성격장애자들이 곧잘 범하는 오류 중 하나는 정서적 추리emotional reasoning다. 정서적 추리란 정서를 근거로 하는 추론, 다시 말해서 자신이 느낀 감정을 자신의 생각과 해석의 증거로 삼는 사고의 전개방식을 말한다. '나에게 이런 감정이 들었으니까 이 상황은 이걸 뜻하는 게 맞아'라는 논리다.

예를 들어, '저 사람이 나에게 인사를 안 하고 지나갔는데 내가 열 받은 것을 보니 저 사람이 인사를 안 한 것은 나를 무시한 것임에 틀림없어'라는 식이다. 하지만 앞에서도 살펴보았듯이 '열 받았다'라는 감정이 들었다는 것은 '저 사람이 인사를 안 하고 지나갔다'라는 행동에 대한 해석, 즉 자동적 사고가 이미 머릿속에 떠올랐음을 의미한다. 즉, '인사를 안 한다는 것은 나를 무시함을 의미한다'라는 자동적 사고가 그 사람의 행동을 보는 순간 이미 나도 모르는 사이에 떠올랐기 때문에 그 결과로 '열 받는다'라는 분노 감정을 느끼게 되는 것이다. 상대가 다른 생각에 정신이 팔려 자신을 못 보았을 수도 있는데도 '내가 괜히 열 받았겠어? 저 사람이 무시했으니까

열 받았지' 하는 식으로 대안적이고 보다 합리적인 생각의 가
능성을 무시해버리게 되는 것이다.

이렇게 연극성 성격장애자들의 인지적 오류에 대해 정확하
게 확인하는 것은 심리치료적인 개입을 하는 데 큰 도움이 된
다. 연극성 성격장애자들이 심리치료를 받으러 오는 주된 동
기는 대인관계 갈등이나 우울증 혹은 신체화 장애 때문인데,
이러한 이차적인 증상이나 장애의 이면에는 인지적 오류가 만
연되어 있고 그 정도도 심하다.

(3) 부정적인 내현적 자기개념

자기개념self-concept이란 자기 자신이 어떤 사람인가에 대해
그 사람이 가지고 있는 신념이나 생각, 이미지 등을 모두 포괄
하는 것이다. 외모나 능력 등 외적인 영역이나 대인관계 영역
등 다양한 영역으로 자기개념의 구조가 나뉘어져 그 안은 부
족하다, 만족스럽지 못하다, 썩 훌륭한 편이다 등의 내용으로
채워져 있다.

또 한 가지 자기개념에 있어서 고려해야 할 것은 의식적으
로 '나는 어떠어떠한 사람이다'라고 생각하는 외현적인 자기
개념과, 의식하기 어려운 마음 깊은 곳에 뿌리 깊게 내재된 내
현적인 자기개념을 나누어 생각해야 한다는 것이다. 그 둘 간
에 차이가 있는지, 차이가 있다면 어떤 차이인지를 잘 구분해

야 한다. 특히 내현적 자기개념은 그 사람의 성격을 결정하는 데 가장 핵심적인 부분이라고 해도 과언이 아니다.

그렇다면 연극성 성격장애자들의 외현적인 자기개념의 내용은 어떠할까? 외현적 자기개념의 내용은 매우 다양하게 나타나겠지만 가장 일반적으로 가지고 있는 생각은 '나는 아주 순수하고 때 묻지 않은 사람이다'라는 것이다. 이들은 자신을 '법 없이도 살 정도로' 양심적이고 도덕적이고 깨끗하고 고결한 품성을 지녔으며, 늘 다른 사람을 배려하고, 내 것을 챙기기보다는 남을 위해서 나를 희생하며, 그래서 손해도 많이 보는 사람이라고 생각한다. 또한 사람을 좋아하고 애정이 많으며, 한편으로 사교적이고 외향적이며 다른 사람을 편안하게 해주는 사람이라고 생각하기도 한다.

이들의 또 다른 중요한 특징은, 어떤 독립된 고유 개체로서의 '자기'를 생각하기보다는 주로 다른 사람들과의 관계 속에서 자기를 생각한다는 점이다. 연극성 성격장애자에게 '당신은 어떤 사람인가'라는 질문을 던지면, 이들은 자기도 모르는 사이에 자신의 대인관계와 그 관계 안에서 자신의 모습이 어떠한가를 중심으로 자기에 대해 묘사한다. "저는 사람들에게 친절하고 거절을 잘 못하는 편입니다. 사람들은 그래서 저를 좋아하고 편하게 생각하지만, 사실 싫은 소리를 잘 못하기 때문에 힘들어요. 그리고 다른 사람의 말에 상처를 잘 받는답니다" 등이다.

이는 연극성 성격장애자들의 내현적인 자기개념에 대한 중요한 시사점을 제공한다. 즉, 이들은 기본적으로 독립적인 사람으로서의 자기정체성이 제대로 확립되어 있지 못하고, 다른 사람들이 자기를 어떻게 생각하는가, 다른 사람들이 자기를 좋아해주고 인정해주는가에 따라 자기가 어떤 사람이고 어떤 가치가 있는 사람인가가 결정된다고 생각한다. 다시 말하면, 어떤 사람이 나를 좋은 사람이라고 말해주면 나는 좋은 사람이 되는 것이고, 누가 나의 부탁을 거절하거나 내가 기대한 만큼 나에게 잘해주지 않으면 나는 거절당할 만큼 못난 사람이 되고 사람들이 다 싫어하는 무가치한 존재가 되는 것이다.

한편, 이들의 마음속 깊은 곳에는 '나는 못났다' '나는 사랑받을 만하지 못하다'는 생각이 뿌리 깊게 자리 잡고 있다. 이러한 부정적인 내현적 자기개념에서 파생되는 열등감은 실존적인 의미를 지니는 것으로, 그 사람의 외현적인 사고와 행동과 감정 전반, 즉 성격에 영향을 미치며, 더 나아가 성격을 결정짓는 역할을 한다. 이러한 열등감을 보상하고 의식적인 수준에서 자존감을 유지하며 살아가기 위한 나름대로의 고군분투의 결과가 연극성 성격장애로 나타나게 된 것이라고 할 수 있다. 이 부분에 대해서는 연극성 성격장애의 원인론에서 좀 더 자세히 다룰 것이다.

4) 대인관계 영역

연극성 성격장애자들의 대인관계 특성은 어떠할까? 앞에서
살펴본 3가지 영역에서의 특성을 생각할 때 이들에게 대인관
계 갈등이 많이 생기게 될 것임은 자명하다. 실제로 연극성 성
격장애자들의 부적응적인 특성이 두드러지게 발현되는 것은
거의 모두 대인관계와 관련된 상황에서다. 다른 사람에게 일
차적으로 모든 초점과 관심을 집중시키고 있는 연극성 성격장
애자들에게 있어서 대인관계가 가장 중요한 영역이 되는 것은
당연한 일이다.

(1) 자기가치감의 원천으로서의 대인관계

앞에서도 잠시 살펴보았듯이, 연극성 성격장애자들은 누가
자기를 좋아해주고 인정해주어야 겨우 '내가 칭찬받을 만큼
괜찮은 사람인가 보다'라고 생각한다. 역으로, 누가 자기를 싫
어하거나 인정해주지 않으면 자신이 정말 인정받을 만하지 못
한 무가치한 사람이라고 생각하게 된다.

그러나 이들은 진정으로 자기 자신을 가치 있게 생각하지
못하기 때문에 실제 다른 사람의 인정을 받는다고 해도 내적
인 자기가치감이 향상되거나 스스로를 인정하기는 어렵다. 그
래서 계속해서 인정을 받아야만 하고, 조금이라도 인정받지

못한다고 생각되면 편안하고 안정적인 자기가치감을 지속적
으로 유지하기가 어렵다.

살아가는 데 있어서 자기가치감이나 자기존중감은 마치 공
기나 물처럼 근본적이고 필수적인 요소다. 이러한 자기가치감
은 평상시에는 그저 막연하고 모호하며 의식 속에 명료하게
떠오르지 않은 채로 있지만, 그 사람의 일상생활을 비롯한 삶
의 과정 전체에 부지불식간에 광범위하고 전반적인 영향을 미
치게 된다.

연극성 성격장애자들은 앞에서도 살펴보았듯이 내현적 자
기개념이 부정적이기 때문에 이러한 자기가치감을 잘 느끼지
못한다. 또 자기 안에서는 이러한 자기가치감을 확인시켜줄
만한 '거리'가 별로 없다고 생각하고, 자기 안에서 잘 찾으려
고 하지도 않는다. 이를 다른 사람들의 인정과 사랑에서 찾으
려고 기를 쓰다 보니 자신의 내면에서 일어나는 일에는 주의
를 잘 기울이지 않게 되는 것이다. 동시에 다른 사람의 생각과
감정을 예민하게 파악하고 그에 맞게 대처해야 하기 때문에
자기 내부에 쏟을 에너지가 별로 남아있지 않게 되는 것이다.

정작 문제는 연극성 성격장애를 지닌 사람들의 에너지 투
자방식이 실제로는 그들에게 득이 되지 않는다는 데 있다. 이
들은 특히 나를 사랑해주고 관심을 가져주었으면 하는 대상이
지금 나에 대해서 무슨 생각을 하는지 어떤 감정인지를 파악

하는 레이더 체계가 대단히 정교하게 구축되어 있기 때문에 다른 사람의 말이나 행동에 매우 예민하다. 하지만 그 레이더 체계는 감지 능력은 뛰어난 반면, 감지한 것을 해석하고 판단 내리는 능력은 별로 객관적이지 못하다.

이렇게 다른 사람의 생각과 감정에만 초점을 맞추다 보니 자기 자신의 생각과 감정을 다루는 방법은 잘 개발하지 않고 또 점점 더 잊어버리게 되어 나중에는 정말 서툴 수밖에 없다. 이는 연극성 성격장애자들로 하여금 점점 더 자기발전의 기회 와 능력을 잃게 만들고, 따라서 상황에서 더더욱 다른 사람들 의 반응에 촉각을 곤두세우게 하는 악순환을 초래하게 된다.

(2) 관계의 피상성

그렇다면 연극성 성격장애자들은 실제 대인관계에서 어떠 힌 특성을 보일까? 이들은 워낙 다른 사람들을 배려하고 맞춰 주는 데 '선수'이기 때문에 처음에는 따뜻하고 배려를 잘하고 사교적이라는 좋은 인상을 남기는 경우가 많고 사람도 쉽게 사귄다.

하지만 이러한 좋은 인상은 오래 가지 못한다. 사이가 가까 워지면서 자기공개를 더욱 많이 해야 할 상황이 되면 연극성 성격장애자들은 부지불식간에 상대방이 자기의 많은 면을 알 게 될 경우 자기를 싫어하지 않을까 두려움을 느끼고 자신을 더 드러내는 데 대해 주저하게 되고 움츠러들게 된다. 그러면 상대방은 처음에 생각했던 것과 달리 연극성 성격장애자들이 진실하거나 깊이 있지 못하고 매우 피상적이고 방어적이라는 느낌을 받게 되어 관계를 발전시키기 어렵게 된다.

(3) 과도한 친절과 배려

연극성 성격장애자들은 때로 지나치게 상대방을 배려하고 과도한 친절을 베풀어 오히려 상대방을 불편하게 하는 경우도 있다. 이들은 상대방이 나를 좋아하지 않으면 어쩌나 하는 긴장감으로 인해 필요 이상으로 '잘해주려고' 하게 된다. '저 사람이 나를 좋아하게 만들어야겠다'라는 의도를 가지고 행동하는 것은 아니지만, 여기에는 자신을 인정하지 않고 싫어할까봐 상대방에게 친절하고 더 잘해주려는 동기가 자리 잡고 있는 것이다. 따라서 상대방이 오히려 같이 있는 것을 불편하고 부담스러워 하여 관계를 회피하고 싶다는 마음을 갖게 될 수 있다.

(4) 상황에 맞지 않는 자기개방

연극성 성격장애자들은 때로는 상대방과 그렇게까지 친밀해지지 않았는데도 '아주 친한 것처럼' 여기고 충동적으로 자신에 대해 지나치게 많이 공개하기도 한다. '친해져야 한다'

는 절박한 욕구가 이들로 하여금 이렇게 행동하게 만드는 것이다.

자기공개의 수준은 관계의 발전 정도에 따라 서로 간에 조금씩 점진적으로 깊어져야 한다. 물론 좀 더 깊은 자기공개를 통해 관계가 더욱 친밀해지기도 한다. 그러나 자신은 아직 준비가 되지 않았는데 누군가가 자기공개를 너무 많이 해오면 상대방은 자신도 그만큼의 공개를 해야 할 것 같은 심적 부담감을 느끼게 된다. 받아들이는 사람에 따라서는 이것이 매우 힘겨울 수도 있고, 대부분의 경우 관계에서 후퇴하고 싶은 불편함을 느끼게 된다.

(5) 상대방의 행동에 대한 의심, 피해의식적인 해석과 분노

연극성 성격장애자들은 대개 상대방의 의도를 의심하고 늘 막연한 피해의식을 가지고 있기 때문에, 일단 자신을 공개하고 나면 '저 사람이 나를 우습게 보고 무시하거나 이용하지 않을까'라는 의심을 하게 된다. 처음에는 심각한 정도가 아니었더라도 이들은 이러한 생각에 반복적으로 매달리게 되고, 이러한 생각을 확증해주는 증거를 자신도 모르는 사이에 찾으려고 하기 때문에 이러한 생각은 더욱 증폭된다. 사실 '귀에 걸면 귀걸이, 코에 걸면 코걸이'라는 말처럼 당사자가 그렇게 보려고 들면 상대방의 행동들은 얼마든지 그런 식으로 해석되기 마련이다.

이렇게 피해의식을 느끼기 시작하면 그 결과 분노와 적개심이 쌓이게 되고, 이러한 감정은 연극성 성격장애자들의 행동이나 말을 통해 상대방에게 전달된다. 그러면 상대방도 감정이 상하게 되고 이것은 다시 직접적으로든 좀 더 우회적인 방식으로든 드러나기 마련이다. 연극성 성격장애자들의 피해의식은 이러한 경로를 통해 다시 확증되고, 이로써 악순환을 거듭하게 된다.

(6) 충동적 수동공격적인 감정표현

이러한 피해의식으로 인해 때로 매우 충동적이고 심지어 난폭한 감정 표출을 초래하기도 하여 마구 신경질을 부리고 소리를 지르고 욕을 할 수 있다. 물론 누구나 때때로 이러한 행동을 할 수는 있지만, 연극성 성격장애자들은 이러한 감정 폭발을 상황에 맞지 않게 반복하는 경우가 많다. 이럴 경우 상대방의 반응은 굳이 말하지 않아도 자명할 것이다.

또 이러한 피해의식과 분노 감정은 매우 수동공격적인 방식, 예를 들어 비꼬는 말을 은근히 던져놓고 확 지나가버리는 등의 행동으로 표현되어, 상대방으로 하여금 뭔가 꼬집어 화를 내기는 어렵지만 속을 긁어놓는 듯한 느낌을 받게 만든다. 다른 사람들에게 "누가 그러는데…" 하며 그 사람의 험담을 늘어놓는 경우도 많다. 이러한 행동이 반복될 때 주변 사람들은 연극성 성격장애자에 대한 신뢰감을 더더욱 잃게 되는 것이다.

따라서 연극성 성격인 사람들은 알고 지내는 사람은 많아도 깊이 있는 관계를 유지하는 사람은 많지 않다. 이들이 다른 사람에게 인정받고 받아들여지기를 갈망하는 동기에서 모든 특성이 비롯된다는 점을 생각하면 이는 참으로 역설적인 것이다. 이들은 타인의 관심과 인정을 받기 위해 '필사적인' 노력을 하지만, 그 노력은 단기적으로는 효과가 있을지 몰라도 본질적으로 진실한 관계를 맺게 해주지는 못하는 것이다. 따라서 이들이 맺는 대인관계는 처음에는 굉장히 열정적이고 진심을 쏟는 것처럼 보이지만 사실 매우 불안정하고 극적으로 끝나는 경우가 많다. ◆

4. 연극성 성격장애의 진단

1) 정상 성격과 성격장애의 경계선

(1) 성격장애에 대한 범주 모델

성격장애를 어떤 특성의 차원에서 파악하는 것이 아니라 일종의 질병처럼 하나의 범주를 구성하는 것으로 보는 입장이 범주 모델이다. 오늘날 가장 많이 사용되고 있는 미국정신의학회의 『정신장애의 진단 및 통계 편람 제5판Diagnostic and Statistical Manual for mental disorders (5th ed.): DSM-5』에서도 이러한 범주 모델을 따르고 있다. 이 모델은 일종의 질병으로서 성격장애가 '있다'고 본다. 즉, 콧물이 나고 목이 붓고 열이 나고 머리가 아프고 몸 여기저기가 쑤시고 결리는 것을 감기라고 하듯이, 앞 장에서 열거한 특성들을 보이면 연극성 성격장애라는 병에 걸린 것으로 보는 것이다.

일반적으로 질병이라고 하면 생물학적인 원인이 있는 경우를 가리키는 것으로, 성격의 문제가 있는 성격장애는 엄밀한 의미에서 보면 질병과는 다르다. 감기와 같은 의학적 질병에는 바이러스 감염이라는 명확한 원인이 있지만, 성격장애의 원인은 명확하게 정의내리기가 매우 어렵다. 물론 여러 이론가들이 원인을 규명하기 위해 많은 노력을 기울였고 이론을 만들어내기도 하였지만, 각 이론은 성격장애를 전체적으로 모두 설명할 수 없다.

사실 성격이라는 것이 태어나는 순간부터 그 사람이 가진 생물학적인 특성과 주변 사람이나 상황 등 주변 환경이 오랫동안 복잡한 상호작용을 지속적으로 반복한 결과로 점진적으로 꾸준히 형성되고 굳어져 온 것이기 때문이다. 편의상 정신의학에서는 어떤 질병인 것처럼 구분하고 있기는 하지만, 인간의 삶과 그 사람됨의 본질을 총체적으로 이해해보고자 할 때 성격장애를 하나의 병으로 쉽게 생각해버리는 것은 현실과 잘 맞지 않는다.

(2) 성격장애에 대한 차원 모델

범주 모델을 보완할 수 있는 것이 차원 모델이다. 특히 성격 심리학자들에 의해 많이 연구되어 온 이 입장에서는 성격 특성이 특정한 연속선을 이루고 있다고 가정하고, 그 연속선상

에서 어느 정도 지점에 위치하느냐를 지표로 그 사람을 이
해하고자 한다. 예를 들면, 외향적인 유형과 내향적인 유형
의 2가지 범주만 있는 것이 아니라, 양극단에 매우 극단적인
외향성과 극단적인 내향성이 위치하고 그 사이에 그보다는 덜
한 정도의 연속선이 있다고 보는 것이다. 그리고 외향성-내향
성이라는 차원의 연속선에서 그 사람이 어느 정도에 위치하는
가로 그 사람의 성격을 이해하려고 한다.

실제 이러한 차원 모델로 성격을 연구하는 입장에서는 외향
성, 정서성, 개방성 등 여러 가지 차원의 성격 특성을 상정하고
각 차원에서의 위치의 조합을 통해서 그 사람의 총체적인 성
격을 이해하고자 한다. 일부 연구자는 여러 성격장애를 각각
어떤 성격 특성에서 어떤 정도를 보이며 어떤 성격 특성들이
어떻게 조합되는가로 이해하려는 시도를 해오고 있다.

차원 모델의 입장에서 성격장애를 바라보면, 성격장애는
질병이라기보다는 정상적인 성격 특성들이 지나치고 경직되
게, 너무 광범위하고 부적당한 상황에서 나타나는 것이다. 즉,
정상 성격과 성격장애는 연속선상에 있으며, 정상 성격의 극
단적인 형태가 성격장애라는 것이다.

미국정신의학회에서도 기본적으로 범주 모델을 채택하고
있기는 하지만, 이런 성격 특성들이 살아가는 데 심각한 장애
를 초래할 정도여야 성격장애로 진단할 수 있음을 분명히 밝

히고 있어 실제로는 성격의 연속성, 즉 차원 모델도 함께 고려하고 있다. 이것이 인간의 모습을 좀 더 실제에 맞고 정확한 방식으로 이해하는 것이다.

그렇다면 이러한 특성을 어느 정도로 보이면 보통 성격이자 개성이고, 어느 정도 이상이 되면 성격장애가 되는 것인가? 그 정확한 기준이 되는 경계선은 무엇인가?

사실 무 자르듯 선을 그어서 정상 성격과 성격장애의 경계선을 지정할 수는 없다. 앞에서도 말했듯이, 정상 성격과 성격장애는 어떤 연속선상에 놓여있기 때문이다.

하지만 '정상 성격이 어떤 상황에서 어떤 방식으로 나타난다면 성격장애라고 할 수 있다'는 판단의 기준은 있다. 다음은 성격장애로 진단내리는 데 도움이 되는 몇 가지 특징이다.

첫째, 이러한 성격 특성이 '때와 장소'를 가리지 않고 나타난다면 성격의 장애라고 볼 수 있다. 예를 들어, 애인과 함께 있을 때 애교를 부리거나 유혹적인 행동을 하는 것은 이해할 만한 일이지만, 공식적인 회의 자리에서나 회사에서 함께 일하는 동료에게 유혹적인 행동을 한다면 이는 부적절한 것이다.

둘째, 그러한 행동의 정도가 어떤 상황이나 그 상황에 함께 있는 사람에게 도가 지나치다고 판단된다면 역시 정상 성격이라고 볼 수 없다. 예를 들어, 같이 일하는 남자 동료에게 '좀 지나친 친절을 베푼다' 정도는 성격장애라고까지 볼 수 없지

만, 노골적으로 성적인 유혹을 하는 등의 행동을 보인다면 이
는 성격장애라고 할 수 있을 것이다.

셋째, 다소 지나친 성격 특성이 반복적이고 지속적으로 나
타나는 경우다. 어쩌다가 한 번 정도 심한 스트레스를 받았을
때 감정 폭발을 할 수도 있고, 화가 난 나머지 다른 사람에게
누군가의 험담을 할 수도 있다. 하지만 이러한 감정 폭발이 수
시로 계속 나타나거나 늘 누군가의 험담을 하려고 한다면 이
는 성격장애라고 볼 수 있을 것이다.

넷째, 좀 더 객관적인 기준으로, 이러한 성격 특성 때문에
학교에서 학업을 하거나 직장에서 일을 하는 데 심각한 방해
가 되고, 대인관계에서 많은 갈등을 유발하여 일상생활을 유
지해나가기 힘들 정도여야 한다.

다섯째, 그 사람이 자신의 그러한 성격 때문에 주관적으로
힘들고 괴로워야 한다. 이는 자신의 성격적 특성 때문에 일어
나는 여러 문제로 인해 스스로 힘들어하고 고통을 겪어야 한
다는 것이다.

이러한 기준을 고려해서도 성격의 특성인가 성격장애인가
를 판단하기는 매우 어렵다. 오랜 경험을 거친 숙련된 임상가
도 이것은 마찬가지다. 무엇보다도 중요한 것은, 성격장애라
는 진단을 내리는 데는 매우 신중해야 한다는 점이다. 일단 진
단을 내리면 설령 그것이 오진이었다 하더라도 취소하기가 쉽

지 않다. 진단에 맞게 그 사람의 행동을 해석하게 되는 인간의 인지적 특성 때문이다.

또 한 가지 중요한 사실은, 꼭 성격장애까지는 아니더라도 어떤 부정적인 성격 특성들을 어느 정도 가지고 있다는 것 자체가 삶을 살아가는 동안 사람들과 관계를 맺으면서, 직업적 장면에서 일을 해나가면서, 예상치 못한 스트레스에 닥쳤을 때 대처해나가는 과정에서 많은 영향을 미치는 소인이 될 수 있다는 것이다. 따라서 성격장애인지 아닌지 여부를 정확하게 판단하는 것 자체가 일차적으로 중요한 것이 아니라, 어떤 성격 특성들을 가지고 있는지를 확인하고 파악하는 것이 더 중요하다.

2) 연극성 성격장애의 진단기준

앞의 '3. 연극성 성격장애의 특성'에서 기술한 특성들은 연극성 성격장애자들에게 전형적이면서도 상당히 극단적인 상태를 설명한 것이다. 연극성 성격장애자들이 전형적인 특성을 모두 다 갖고 있는 것은 아니고 또 그러한 특성 중 일부를 가졌다고 해서 반드시 연극성 성격장애자인 것도 아니다. 기술한 성격 특성이 얼마나 심하게 얼마나 상황을 고려하지 않고 부적절하게 나타나는가, 실제로 이러한 성격 특성 때문에 일을 못하거나 심한 대인관계 갈등을 겪고 있는가의 여부로 판단할 문제다.

〈연극성 성격장애자의 특성〉

순위	전형적 특성
1	외모나 행동이 유혹적이다.
2	감정이 지나치게 풍부하다.
3	외모나 행동이 현란하다.
4	행동이나 감정표현이 과장되어 있다.
5	감정 기복이 심하다.
6	신체적 매력에 과도한 관심을 보인다.
7	다른 사람의 말에 쉽게 동요되고 자기도 모르게 그대로 이끌려가는 경향이 있다.
8	대인관계가 강렬하면서도 불안정하다.
9	감정이 깊이가 없고 쉽게 변한다.
10	주목받지 못하면 기분이 상한다.
11	자기를 지나치게 잘났다고 생각한다.
12	주목받고 칭송받고 싶어 한다.
13	시기심이 과다하다.
14	분노 표현이 강렬하고 충동적이다.
15	다른 사람의 지지와 인정을 받고자 하는 욕구가 과도하다.
16	일을 할 때 인내심이 부족하다.
17	자신은 특별한 대접을 받아야 할 사람이라고 생각한다.
18	다른 사람의 비판에 분노와 모욕감을 느낀다.
19	당장 욕구가 채워지지 않거나 어떤 일이 좌절되었을 때 잘 참아내지 못한다.
20	자존심이 위협받을 때 감정이 폭발한다.

출처: 황순택(1993).

표에서 제시한 목록의 내용은 최근 국내의 한 심리학 연구에서 연극성 성격장애자들이 가장 전형적으로 보이는 특성 20가지를 순위별로 기술한 것이다.

한편, 정신장애에 대한 국제적인 기준인 DSM-5에서 제시하는 연극성 성격장애의 진단기준을 살펴보면 다음과 같다.

 연극성 성격장애의 진단기준 (DSM-5; APA, 2013)

광범위하고 지나친 감정표현 및 관심끌기의 행동 양상이 성인기 초기에 시작하여 여러 상황에서 나타나며, 다음의 5개(이상)의 항목을 충족시킨다.

1. 자신이 관심의 초점이 되지 못하는 상황에서 불편해 한다.
2. 다른 사람과의 행동에서 흔히 상황에 어울리지 않게 성적으로 유혹적이거나 도발적인 행동이 특징적이다.
3. 빠른 감정의 변화 및 감정표현의 천박성(감정표현이 피상적임)을 보인다.
4. 타인의 관심을 끌기 위해서 항상 육체적 외모를 사용한다.
5. 지나치게 인상적으로 말하면서도 내용은 없는 대화양식을 가지고 있다.
6. 자기연극화, 연극조, 과장된 감정표현을 한다.
7. 피암시성이 높다(예: 타인 또는 환경에 의해 쉽게 영향을 받는다).
8. 대인관계를 실제보다 더 친밀한 것으로 생각한다.

이쯤 되면 자신도 연극성 성격장애자가 아닐까 하는 의구심이 들기도 할 것이고, 주변의 누군가를 떠올리며 혹시 그 사람이 연극성 성격이 아닐까라는 생각이 들기도 할 것이다. 그러나 이런 판단은 매우 위험하다. 사람의 일이란 것이 그렇게 보려고 하면 누구나 다 해당되어 보일 수 있다. 이런 기준들을 아무에게나 적용해서 쉽게 판단내리는 것은 매우 위험한 행동이며, 여기에는 상당한 전문가적 판단이 요구된다. 다시 한 번 강조하지만, 성격장애에 대한 판단은 매우 신중하게 이루어져야 한다. ◆

5. 다른 심리장애와의 관계

1) 성격장애와 다른 심리장애의 관계

성격장애는 말 그대로 성격에서의 장애다. 따라서 우울장애나 불안장애, 정신분열증 등 특정한 증상을 보이는 장애들과는 그 성질이 매우 다르다. 다시 말해서, 사고나 감정에서 어떤 병리적인 증상이 발현되어 증상의 호전 혹은 악화라는 경과를 밟게 되는 증상 중심의 심리장애와 그 사람의 삶 전반에 영향을 미치며 지속적으로 일정하게 유지되는 성격에서의 장애는 서로 구분된다.

『정신장애의 진단 및 통계 편람 제4판DSM-IV』에서는 정신분열증, 우울장애 등 증상 중심의 장애를 축 I 장애로, 성격장애를 축 II 장애로 나누어 분류하였다. 그래서 어떤 사람은 축 I 의 진단은 우울장애이면서 축 II의 진단은 의존성 성격장애일 수도 있고, 축Ⅰ의 정신장애는 없지만 축Ⅱ의 연극성 성격장애 진단만 받을 수도 있다. 반대로 아무런 성격장애도 없고 그냥 축Ⅰ의 정신분열증 진단만 받을 수도 있다. 그러나 2014년 발간된 최신판인 제5판에서는 이러한 분류를 없앴다. 축Ⅰ과 축Ⅱ로 분류한 진단의 유용성이 별로 없다는 연구결과에 따른 것이다.

성격장애와 다른 심리장애 간의 관련성은 2가지로 나누어 생각해볼 수 있다. 하나는 성격장애와 증상 중심 장애들과의 관련성이고, 다른 하나는 성격장애들 간의 관련성이다.

(1) 성격장애와 증상 중심 장애와의 관계

성격장애는 그 사람이 어떤 상황에 처할 때 환경과 상호작용하게 되는 기본적인 특성이기 때문에 특정한 소인으로 작용할 수 있고, 따라서 성격장애가 있었기 때문에 다른 증상 중심 장애가 생겼다고 보는 입장이 있다. 예를 들어, 의존성 성격장애가 있어서 워낙 의존적이고 다른 사람에게 민감하다 보니 스트레스를 많이 받아 우울장애에 걸리게 되었다고 설명하는 것이다.

반면, 증상 중심 장애가 먼저 생김으로써 성격이 부적응적으로 변화하여 성격장애가 된다고 설명하기도 한다. 예를 들어, 우울장애에 걸리게 되었는데 너무 우울하고 힘들어서 다른 사람들에게 자꾸 의지하려다 보니 의존성 성격장애가 되었다고 이해할 수 있다는 것이다.

또한 성격장애와 증상 중심 장애는 따로따로 발병하고 경과가 진행되는 것이며, 우연히 동시에 함께 나타날 뿐이라는 입장도 있다. 즉, 한 사람에게 강박성 성격장애와 사회공포증이 모두 있는데, 그 둘은 서로 어느 정도는 영향을 주고받겠지만 어떤 것이 선행되어서 다른 것이 나타난다거나 하나가 다른 하나의 소인 혹은 원인이 되는 것은 아니며, 서로 독립적으로 발병하고 진행되어 나간다는 것이다. 이러한 3가지 입장 모두 어느 정도는 타당한 설명력을 가지고 있으며, 내담자마다 더 잘 적용되는 경우가 다르다.

(2) 성격장애들 간의 관계

DSM-5에서는 성격장애를 모두 10가지로 분류하고 있다. 연극성 성격장애와 여러 다른 성격장애 간의 관련성을 살펴보기 전에 성격장애의 유형을 간단히 살펴보자. 성격장애는 다시 A, B, C 3개의 군집으로 분류된다.

군집 A에 속하는 성격장애는 기이하고 괴상한 행동을 주된 특성으로 하는 것들로 편집성 성격장애, 분열성 성격장애, 분열형 성격장애가 여기에 속한다.

편집성 성격장애paranoid personality disorder는 타인의 의도를 적

대적인 것으로 해석하는 불신과 의심이 가장 큰 특징이다. 이러한 유형의 사람들은 다른 사람이 자신을 부당하게 이용하고 피해를 주고 있다고 잘못 생각하고, 친구의 우정이나 배우자가 정숙한지를 자주 의심하며, 자신에 대한 비난이나 모욕을 잊지 않고 가슴에 담아두어 상대방에게 보복하는 경향이 있다.

분열성 성격장애schizoid personality disorder는 감정표현이 없고 대인관계를 기피하여 고립된 생활을 하는 특성을 갖는다. 이런 성격의 소유자는 사람을 사귀려는 욕구가 없고, 생활 속에서 거의 즐거움을 느끼지 못하고, 타인의 칭찬이나 비난에 무관심하며, 주로 혼자 하는 활동에 종사하는 경우가 많다.

분열형 성격장애schizotypal personality disorder는 친밀한 인간관계를 불편해하고, 인지적 또는 지각적 왜곡 등의 사고장애가 일시적으로 나타나며, 일반적인 사람이 보기에 약간 기괴한 행동을 곧잘 보인다. 이런 성격을 지닌 사람은 심한 사회적 불안을 느끼며 마술적 사고나 다른 사람들이 이해하기 힘든 기이한 신념에 집착한다. 말도 상당히 비논리적이고 비현실적이며 기괴한 외모나 행동을 나타내는 경향이 있다.

군집 B에는 매우 감정적이고 극적이며 변화가 많은 행동이 주된 특징인 반사회성 성격장애, 연극성 성격장애, 경계선 성격장애, 자기애성 성격장애가 속한다.

반사회성 성격장애antisocial personality disorder는 사회적 규범이나 타인의 권리를 무시하는 행동 양상이 가장 두드러진 특징이다. 이들은 거짓말, 사기, 무책임한 행동, 폭력적 행동, 범법행위를 자주 하면서도 이러한 행동에 대해서 후회나 죄책감을 전혀 느끼지 않는 경향이 매우 심하다.

경계선 성격장애borderline personality disorder는 대인관계나 자기상과 감정이 매우 불안정한 것이 특징으로, 남들로부터 버림받지 않으려고 처절한 노력을 하며, 대인관계가 '너무너무 좋거나' '너무너무 나쁘거나' 하는 등 매우 강렬하면서도 불안정하다. 이런 성격의 소유자는 만성적으로 공허감과 분노를 경험하고 매우 충동적으로 행동하며 자살이나 자해행동을 하기도 한다.

자기애성 성격장애narcissistic personality disorder는 자신이 대단히 중요한 사람이라고 생각하고 다른 사람으로부터 찬탄을 받고자 하는 욕구가 강한 반면, 자신의 이익을 위해 타인을 이용하며 타인의 감정을 이해하는 공감 능력이 결여되어 있는 것이 주된 특징이다.

군집 C군의 성격장애는 불안과 두려움을 지속적으로 지니는 특징이 가장 두드러진다. 여기에는 회피성 성격장애, 의존성 성격장애, 강박성 성격장애가 있다.

회피성 성격장애avoidant personality disorder는 타인으로부터 부

정적 평가를 받는 것에 과도하게 예민하며, 다른 사람과 만나
는 사회적 상황에서 지나치게 감정을 억제하고 부적절감을 많
이 느끼게 되어 대인관계를 회피하는 특성을 보인다.

의존성 성격장애dependent personality disorder는 타인으로부터
보살핌을 받고자 하는 과도한 욕구를 지니고 있어서 이를 위
해 타인에게 지나치게 순종적이고 굴종적인 행동을 보임으로
써 의존하고자 한다.

강박성 성격장애obsessive-compulsive personality disorder는 질서
정연함, 완벽함, 자기통제, 절약에 과도하게 집착하며 지나치
게 꼼꼼하고 완고하고 사소한 것에 집착하는 특성을 가지고
있다.

따라서 같은 군집에 속하는 성격장애들 간에는 그 특성이
많이 겹치기도 한다. 성격장애 자체가 특정한 성격적인 특성
들을 분류해 모은 것이기 때문에 이러한 중복이나 구분의 어
려움은 당연한 일이다. 경우에 따라 한 사람이 여러 가지 성
격장애의 특성을 골고루 가지고 있는 경우도 있고, 어떤 성
격장애인지 명확하게 파악하기 어려운 경우도 종종 생기게
된다.

2) 연극성 성격장애와 증상 중심 장애의 관계

연극성 성격장애자는 다른 증상 중심 장애를 나타내는 경우가 많다. 앞에서 살펴본 것처럼 연극성 성격장애자들은 자신의 성격적 특성에 대해 잘 인식하지 못하고 이를 직면하기를 무의식적으로 회피하기 때문에, 성격적 문제 자체보다는 이런 성격 특성으로 인해 파생된 우울장애나 신체화 장애, 혹은 대인관계 갈등이나 직업 장면에서의 어려움으로 심리치료를 받기 위해 오는 경우가 훨씬 더 많다. 연극성 성격장애자가 가장 흔하게 경험하는 장애에는 신체형 장애, 해리장애, 우울장애, 기분부전 장애가 있다.

신체형 장애란 아무런 신체적인 이상이 없는데도 심리적인 원인 때문에 신체 기능에 이상이 생기는 장애를 말한다. 여기에는 전환장애와 신체화 장애 등이 있는데, 전환장애는 눈이 안 보이게 된다거나 말을 못하게 된다거나 한쪽 팔이 마비되는 등 감각기능이나 운동기능이 손상되는 증상을 보이는 장애다. 신체화 장애는 두통이나 치통 등 여러 통증이나 위장병과 같은 증상들이 아무런 신체적·의학적 문제가 없는데도 나타나거나, 있다고 하더라도 문제의 정도보다 나타나는 증상이 훨씬 심한 장애를 말한다.

해리장애는 의식이나 자기정체감의 통합에 일시적인 장

애가 생겨 이것이 상실되거나 변화되는 장애를 말한다. 어떤
특정한 일을 기억해내지 못하는 기억상실중, 기억이 부분적
으로라도 심하게 손상된 상태에서 훌쩍 여행을 떠나버리는
둔주fugue, 자신의 신상 정보를 기억해내지 못하는 해리성 정
체감 장애, 내가 내가 아닌 것 같은 느낌을 주된 특징으로 하
는 이인화depersonalization 장애 등이 여기에 속한다.

신체형 장애와 해리장애는 주로 심한 스트레스 상황에서,
연극성 성격장애자들이 도저히 감당하기 어렵다고 느낄 때 나
타나게 된다.

한편, 우울장애나 기분부전 장애는 그 진단명에서도 추론
할 수 있듯이 우울한 기분을 주된 증상으로 하는 장애다. 기분
부전 장애는 우울장애의 하나로, 적어도 2년 동안 우울한 기분
이 있는 날이 많고, 거의 하루 종일 우울함이 지속되는 것이
주 증상인 장애다. 이러한 사람들은 전반적으로 어떤 일에 대
해 흥미나 즐거움을 거의 느끼지 못하고, 사람들도 만나기 싫
어하고, 스스로 지나치게 예민한 것 같다고 느끼며, 화도 잘
내고, 의욕도 없고 일의 효율성도 저하된 상태가 지속되는 증
상을 보인다. 이러한 기분장애는 연극성 성격장애자들이 지속
적으로 타인의 애정과 관심을 받지 못하고 거부당했을 때 주
로 발병하게 된다.

3) 연극성 성격장애와 다른 성격장애의 관계

연극성 성격장애는 앞에서도 살펴본 바와 같이 군집 B에 속하는 성격장애로, B군에는 자기애성 성격장애, 경계선 성격장애, 반사회성 성격장애가 함께 포함된다. 각 성격장애마다 더욱 두드러지게 나타나는 특성들은 다르지만, 진단기준에도 겹치는 항목이 있을 정도로 B군에 속한 네 성격장애는 그 특성이 유사한 것이 많다.

한편, 연극성 성격장애는 B군 성격장애 외에 다른 사람에 대한 의존욕구가 매우 높은 C군의 의존성 성격장애와도 유사한 점이 많다.

(1) 연극성 성격장애와 다른 성격장애와의 공통점

자기애성 성격장애와는, 다른 사람들이 자기에게 주목해주고 관심을 가져주지 않으면 기분이 상한다는 특성이 공통적이다. 또 외현적으로 드러나는 '나는 어떤 사람이다'라는 자기개념이 긍정적이다 못해 다소 지나치게 좋은 쪽으로 형성되어 있고, 다른 사람의 지지와 인정을 받고 싶어 하는 욕구가 지나치며, 다른 사람에게 비난을 받거나 거절을 당했을 때 쉽게 낙심한다는 점도 자기애성 성격장애와의 공통점이다.

한편, 대인관계가 강렬하고도 불안정한 것은 자기애성 성격장애와 경계선 성격장애에서도 볼 수 있는 특성이다. 또한 자존심을 건드리는 일을 당할 때 거의 폭발적으로 분노나 우울 등의 감정을 표출하는 특징은 B군에 속하는 모든 성격장애의 특징이기도 하다. 자기중심성 때문에 타인의 입장을 고려하지 못하는 점은 자기애성 성격장애와 반사회성 성격장애에도 해당된다.

다른 사람의 비판에 대해서, 비록 건설적인 것이거나 실제 사실에 대한 지적이라 하더라도 강한 분노와 모욕감을 느끼는 특성은 자기애성 성격장애와 경계선 성격장애에서도 나타나는 특성이다.

한편, 다른 사람들이 자신을 좋아해주기를 과도하게 바라고, 자기 마음대로 하고 싶으면서도 스스로 어떤 결정을 내리지 못하고 다른 사람에게 지나치게 의존하려고 하는 점은 의존성 성격장애와 연극성 성격장애의 공통점이다.

(2) 연극성 성격장애와 다른 성격장애와의 차이점

앞에서도 말했듯이 같은 군집 내에 속하는 성격장애들 간에는 유사한 점이 많다. 여기서는 각 성격장애만의 구별되는 특징들에 대해 살펴보자.

B군에 속하는 성격장애 및 의존성 성격장애를 연극성 성격장애와 감별할 수 있는 가장 뚜렷한 특징은 다른 사람들과의

상호 교류방식, 즉 대인관계 양상이다. 대인관계에 있어서 연극성 성격장애의 특성은 한마디로 아양과 애교라고 표현할 수 있다. 이에 대해 반사회성 성격장애는 상대방의 기분이나 감정을 전혀 고려하지 않는 냉담함, 경계선 성격장애는 상대방에게 충동적이고 비일관적으로 행동하며 지나친 요구를 해대는 것, 자기애성 성격장애는 상대방을 무시하는 듯한 거만하고 잘난 체 하는 태도가 독특한 특성이라고 할 수 있다.

연극성 성격장애자들은 자기애성 성격장애자들과 다른 사람의 칭찬과 인정을 받고 싶어 한다는 점에서는 같지만, 연극성 성격장애자들은 연약하고 의존적인 모습을 보여야 인정과 사랑을 받을 수 있다고 판단되면 그렇게 행동한다는 점에서 차이가 있다.

경계선 성격장애자들과는 달리 연극성 성격장애자들은 손목을 긋는 등의 심각한 자해행동은 잘 하지 않는다는 보고가 있다. 그러나 전통적으로 히스테리나 연극성 성격장애자로 분류되었던 사람들 중에 오늘날의 관점에서 경계선 성격으로 볼 수 있는 경우도 많다. 그래서 이러한 구분은 신중하게 고려해야 할 점이 많다.

반사회성 성격장애자들과는 특히 잘 구분되는데, 연극성 성격장애자들은 다른 사람의 인정이 중요한 사람들이기 때문에 물건을 훔친다든지 규칙을 어기는 등의 반사회적인 행동은 잘 하지 않는다. 오히려 자신이 얼마나 도덕적이고 순수한 사람인지를 강조하는 경우가 많다.

의존성 성격장애자들은 연극성 성격장애자들처럼 화려하고 과장된 감정표현을 하지 않는다는 점에서 외적인 행동 수준에서도 차이가 금방 드러난다.

이러한 차이점을 참조하되 그 적용에 있어서 신중해야 하며, 단정적인 평가기준은 아니라고 보아야 한다. ◆

6. 사회문화적 기준과 유병률

　대인관계 행동, 외모를 꾸미는 정도, 감정을 표현하는 정도에 있어서 '적절한' 기준은 사회 및 문화마다 다를 것이다. 따라서 똑같은 행동이나 성격 특성이라고 하더라도 어느 시대에 어느 곳에서 보이는가에 따라 '지나치다'라든가 '부적절하다'라는 판단의 기준이 다르게 적용되어야 한다. 예를 들어, 똑같이 배꼽티를 입고 나타났다 하더라도 성적으로 상당히 개방적인 나라와 보수적인 나라에서는 그 행동의 의미가 매우 다를 것이다.

　또한 그러한 행동이나 성격 특성을 어떤 연령대의 사람이 했는가에 따라 '적절한' 정도가 달라질 것이다. 20대 초반의 여성이 미니스커트를 입고 당시 유행하는 분홍색 선글라스를 쓴다면 이는 그다지 '흔하지 않은' 일은 아니지만, 만약 50대가 넘은 아주머니가 이러한 차림을 한다면 이는 부적절해 보일 수 있을 것이다.

언뜻 생각하였을 때 연극성 성격장애는 여성이 더 많을 것 같다. 왜냐하면 감정을 드라마틱하게 표현하고 외모에 신경을 쓰는 것들은 소위 '여성스러운 특성'에 더 가까워 보이기 때문이다. 사회문화적으로 여성이 이러한 연극성 성격장애의 특성을 보이는 것은 어느 정도 허용이 되지만, 남성이 이런 행동을 보이는 데 대해서는 별로 수용적이지 않으므로 남성보다는 여성이 이러한 성격을 더 많이 보이리라고 쉽게 기대하게 되고, 실제로 남성보다 여성에게서 이 장애가 더 많다고 조사된 연구들도 있다.

하지만 방법론을 더 보완한 다른 연구들에서는 남성과 여성의 비율이 비슷하다는 보고들이 있다. 남성이 앞에서 말한 사회문화적 '압력' 때문에 이와 같은 성격 특성을 겉으로 덜 드러내는 것일 뿐, 남성이 연극성 성격장애가 더 적은 것은 아니라는 것이다.

그렇다면 연극성 성격장애자는 일반인 중에 얼마나 많이 있을까? 아직 우리나라에서 일반인을 대상으로 한 연극성 성격장애의 유병률 관련 자료는 없다. 미국을 기준으로 했을 때, 연극성 성격장애자는 일반인 중에는 약 2~3% 정도, 정신과를 찾은 내담자 집단에서는 10~15% 정도 있는 것으로 보고되고 있다. 즉, 보통 사람의 경우 100명 중 두세 명은 연극성 성격장애자라는 말이 된다. 그러나 성격장애까지는 가지 않더라도 이러한 성격 성향을 가지고 잘 적응하며 살아가는 사람은 훨씬 더 많을 것이다. ◆

7. 연극성 성격장애 진단의 역사

연극성 성격장애는 오랜 역사를 가진 히스테리 개념에서 비롯되었다. 히스테리, 전환장애conversion disorder, 해리장애 dissociative disorder, 히스테리성 성격장애hysterical personality disorder, 그리고 연극성 성격장애라는 개념은 오랜 시간을 두고 학문과 치료의 발전에 따라 변화해온 역사를 가지고 있다.

고대 이집트와 그리스에서 이미 인간의 특정한 성격 특성이나 신체적 증상을 히스테리라고 불렀다. 히스테리라고 이름 붙인 것은 이런 성격 특성과 신체 증상들이 여자의 자궁hysterus과 관련되어 있다고 생각했기 때문이다.

근대에 들어와서 소위 히스테리라는 개념은 어떤 뚜렷한 신체적 혹은 신경학적 원인이 없는데도 팔이 마비되는 등의 신체적으로 증상을 보이는 사람들을 설명하기 위해서 나타났다. 1800년대 말과 1900년대 초에 걸쳐서 심인성 신체 증상을 보이는 경우를 통틀어서 히스테리라고 명명하였는데, 그 당시의 히스테리는 오늘날의 진단기준으로 본다면 보다 심각한 심리장애들, 예를 들면 경계선 성격장애나 강박증 등도 포함되어 있는 것으로 보인다.

그렇다면 이러한 신체적 증상의 의미를 어떻게 이해해야 할까? 정신분석에서는 히스테리적 신체 증상의 이면에는 심리적인 원인이 내재되어 있다고 보았다. 특히 정신분석 초기에는 히스테리 증상 이면에 어떤 직면하기 어려운 심리적 갈등이 존재하고, 이러한 갈등을 있는 그대로 의식하거나 표현하기 어려울 때 갈등이 신체를 통해서 상징적으로 표출되는 것으로 이해하였다.

히스테리에 대해서 처음으로 그 원인이 심리적인 것임을 밝힌 것은 브로이어와 프로이트의 업적이다. 이들은 다양한 마비 현상과 감각결핍 현상을 보이는 여성 내담자 안나 O에 대해 함께 연구하면서 히스테리를 일으키는 원인이 무의식적 마음에 있다는 것을 깨닫게 되었고, 그 결과를 정리하여 『히스테리 연구』라는 책으로 출간하였다. 이는 현대 심리치료 역사에서 중대한 의미를 지닌다. 그 이전까지만 해도 심리적인 원인으로 신체적인 증상이 나타난다는 것을 생각하지 못했기 때문이다. 히스테리가 심인성 심리장애라는 것이 밝혀지면서부터 비로소 심리치료가 가능해진 것이다. 지금은 너무도 당연하게 생각하는 심리치료가 불과 100년 전에 시작된 것이다.

이후 정신분석이 발전하면서 히스테리 현상이 왜 생기는지에 대해서 여러 가지 설명이 나타나기 시작하였다. 각 설명 이론에 대해서는 다음 장의 연극성 성격장애의 원인론에서 자세히 다루기로 한다. 히스테리와 관련된 심리장애들이 어떻게 진단받아 왔는지 그 변화 과정에 대해 진단기준을 중심으로 간단히 살펴보자.

1) DSM-I

1952년 미국정신의학회에서 여러 정신장애에 대한 진단기준을 처음으로 제안하였다. 이것이 바로 『정신장애의 진단 및 통계 편람 제1판DSM-I』이다.

DSM-I에서는 히스테리 현상을 해리반응dissociative reaction과 전환반응conversion reaction의 2가지로 구분해서 진단 내렸다. 해리반응은 아무런 신체적 이상이 없이 심리적인 갈등과 원인에 의해서 갑자기 기억을 상실하거나 자신이 누구인지, 장소가 어디인지를 잊어버리는 것을 가리키며, 전환반응은 아무런 신체적 원인 없이 심리적 원인과 갈등이 신체적인 증상(예: 팔이 마비되는 등)으로 전환되어 나타나는 것으로 이해한 것이었다.

2) DSM-II

1968년에 제2판이 출간되었는데, 이때는 히스테리성 신경증hysterical neurosis과 히스테리성 성격hysterical personality의 2가지로 진단을 내렸다. DSM-I에서 말한 해리반응과 전환반응은 히스테리성 신경증에 포함되었다.

제1판과 달라진 점은 히스테리성 성격이라는 범주가 히스테리 현상의 하나로 새로 추가된 것인데, 이는 현재 뚜렷한 심인성 신체 증상이나 해리 증상이 나타나지 않더라도 소위 '히스테리적'이라고 이해할 수 있는 성격, 즉 심인성 신체 증상이나 해리 증상을 나타나게 하는 내적 심리적 갈등을 가지고 있는 성격이 있음을 알게 되었기 때문이다.

당시 히스테리성 성격에 대한 진단기준은 흥분성, 정서적 불안정성, 과잉반응성, 자기극화self-dramatization, 관심을 끌려는 행동, 미성숙한 행동, 허영심, 지나친 의존성 등이었다.

3) DSM-III

1980년 개정된 DSM-III에서는 히스테리 현상에 대해서 현재 정신의학 분류체계가 사용하고 있는 여러 진단이 처음으로 정리되어 나타났다. DSM-III에서는 심리장애를 어떤 원인에 의해서가 아니라 나타나는 증상의 모습과 현상 자체에 근거하여 진단하고자 하였다.

우선, 심리적 원인에 의해 신체 증상이 생기는 장애를 신체형 장애라고 분류하고 그 하위 유형으로 신경학적 이상이 없는데 팔이 마비되거나 눈이 안 보이는 등 마치 신경학적 손상이 있는 것 같은 증상을 보이는 전환장애, 신체적 이상이 없는데 심리적 원인으로 인해 위장병 등의 다른 증상들을 보이는 신체형 장애, 심리적 원인으로 인해 통증을 느끼는 심인성 동통장애, 실제로 병이 없는데도 지나치게 자신의 건강을 염려하거나 틀림없이 무슨 병에 걸렸다고 믿는 건강염려증, 그리고 앞의 어디에도 속하지 않는 심인성 신체 증상을 보이는 비전형적 신체형 장애를 나누었다.

또한 내가 누구인가 하는 정체성과 의식awareness에서 심리적 원인에 의해 장애가 생기는 경우를 해리장애로 분류하고 그 하위 유형으로 심인성 기억상실증, 심인성 둔주자신이 누구인지에 대해 완전히 잊어버리고 어디론가 훌쩍 떠나버리는 것, 다중성격, 이인화장애내가 내가 아닌 것 같다고 느끼는 장애, 그리고 역시 비전형적 해리장애를 나누었다.

위와 같은 겉으로 드러나는 증상이 없는 히스테리적인 '성격'에 대해서는 연극성 성격장애로 분류하였다. 이후의 개정판에서는 연극성 성격장애 진단은 계속 유지되고 있다.

4) DSM-III-R

1987년에는 DSM-III의 개정판이 나왔다. 여기에서는 심인성 통증장애가 신체형 통증장애로, 비전형적 신체형 장애가 달리 분류되지 않는 신체형 장애로 진단명이 바뀌었고 미분화된 신체형 장애undifferentiated somatoform disorder: 증상이 뚜렷이 구분되지 않는 신체형 장애, 신체변형 장애body dysmorphic disorder: 자신의 신체가 어그러지거나 변형되는 것 같다는 불안을 호소하는 장애 진단이 추가되었다.

신체변형 장애는 히스테리 증상과는 사실 무관한 것으로 공포증 혹은 망상장애와 좀 더 관련이 높으나, 신체에 관한 것이기 때문에 이 진단범주에 일단 포함되었다. 다른 부분은 모두 DSM-III와 똑같이 유지되었다.

5) DSM-IV

1994년 개정된 DSM-IV에서는 큰 변화는 없었으나 신체형 통증장애가 통증장애로, 심인성 기억상실증이 해리성 기억상실로, 심인성 둔주가 해리성 둔주로, 다중인격 장애가 해리성 정체성 장애로 진단명이 바뀌었다.

• 신체형 장애: 신체화 장애, 전환 장애, 통증 장애, 건강염

려증, 신체변형 장애
- 해리성 장애: 해리성 기억상실증, 해리성 둔주, 해리성 정
  체성 장애, 이인화 장애

6) DSM-5

5판에서 다축 분류는 없어졌지만 성격장애 분류는 그대로
유지되었다. 신체형 장애의 경우 신체증상 및 관련 장애로 이
름이 바뀌었고, 신체증상 장애, 질병불안 장애, 전환 장애, 허
위성 장애가 포함되었다.

해리성 장애의 경우 해리성 정체성 장애 및 해리성 기억상
실증은 유지되었고, 해리성 둔주가 해리성 기억상실증의 하위
유형으로 분류되었으며, 이인화 장애는 이인증/비현실감 장
애로 진단명이 바뀌었다.

지금까지 정신의학체계 내에서 히스테리 현상을 어떻게 분
류하고 진단 내려 왔는지 그 변화 과정을 살펴보았다. 현재
'히스테리'는 신체적 원인이 없으면서도 심리적 원인에 의해
여러 가지 신체 증상이 나타나게 되는 신체형 장애, 역시 심리
적 원인에 의해 의식 상태나 정체감에 장애가 생기는 해리장
애, 그리고 위와 같은 증상들이 극적으로 나타나기보다는 성

격적으로 특정한 히스테리 특성을 보이게 되는 연극성 성격장
애로 분류되어 있음을 알 수 있다. 이런 3가지 장애 구분은 정
신분석 초기에서 지속적으로 논의되어 오던 것으로, 히스테리
역동이 바탕에 있어서 여러 가지 양상으로 모습을 드러내는
것을 볼 수 있다.

연극성 성격장애가 독립된 진단명이 된 것은 DSM-Ⅲ에서
부터였다. 이후 개정판이 나오면서도 그 진단명을 계속 유지
해오고 있다. 그러나 연극성 성격이라는 용어가 이전의 히스
테리 성격과 같은 것인지 아니면 새로운 진단명인지에 대해서
는 논쟁이 있어왔다. 현재 대체적으로 특히 정신분석적으로는
히스테리성 성격과 연극성 성격이 현상적으로나 정신역동적
으로 서로 다른 것이라고 보는 견해가 많다.

히스테리성 성격과 연극성 성격은 비슷한 성격 특성을 보
이고 구별 없이 혼용되어 쓰이는 경우도 많지만, 연극성 성격
장애가 장애 정도도 보다 심하고 발달 초기에 문제가 있으며,
임상적 특징이나 핵심병리 등도 다르다.

컨버그(Kernberg, 1967)는 다음과 같이 6가지를 기준으로 히
스테리성 성격과 유아적 성격을 구분하였다. 여기서 유아적인
성격은 연극성 성격에 해당된다.

첫째, 히스테리성 성격은 과도한 정서성과 충동성이 주로
성적인 삼각관계에서만 보이는데, 유아적 성격은 정서적 불안

정성과 충동성이 도처에 만연해 있다.

둘째, 히스테리성 성격은 몇몇 이성 관계에서만 지나치게 매달리거나 관여하는데, 유아적 성격은 이성 관계에서 보다 필사적이고 부적절한 요구를 많이 한다.

셋째, 히스테리성 성격은 성적인 의미에서 자신을 드러내고자 하는 욕구가 많은데, 유아적 성격은 나르시스적인 의미에서 자신을 드러내려고 한다.

넷째, 히스테리성 성격은 성적인 영역에서 표면적으로는 유혹을 하지만 바탕에는 억제가 많은 반면, 유아적 성격은 노골적으로 유혹을 하기도 하며 실제 난잡한 경우가 많다. 또한 히스테리성 성격은 성적인 환상을 억압하는 경우가 많은데, 유아적 성격은 도착적인 특성을 지닌 여러 가지 환상을 의식적으로 갖는 경우가 많다.

다섯째, 히스테리성 성격은 이성 관계에서 경쟁자로 여겨지는 사람과 높은 경쟁심을 보여주는 반면, 유아적 성격은 남성과 여성에 대한 행동이 분화가 덜 되어 있고 만성적인 경쟁도 덜하다.

여섯째, 유아적 성격에서보다 히스테리성 성격에서 피학적인 경향성이 제한되어 있고 덜 강하다.

컨버그는 이 밖의 여러 가지 이전의 관련 연구를 개관하면서 연극성 성격장애 내담자들은 정체감 혼미, 일반화된 정서적 불안정성, 성적인 자제력의 부족, 광범위한 충동성, 도덕적 인 결핍, 원시적인 방어기제, 기분의 동요가 심한 것 등의 특징들을 지니고 있다고 설명하였다.

악타르(Akhtar, 1992)는 이에 덧붙여서, 연극성 성격장애자들이 외현적으로는 고분고분하고 비위를 잘 맞추며 활기차고 우호적이며, 여러 직업에 대해 쉽게 관심을 기울이고, 다소 노골적으로 유혹적이며, 도덕적 · 윤리적 문제들에 대해 열성적이고, 인지적으로 민첩하고 결정력이 있다고 보았다. 그러나 내면적으로는 열등감이 심하고 매우 의존적이며, 다른 사람을 조종하고, 난잡하고, 부정을 잘 저지르며, 충동적이고, 직업을 갖는 것에 변덕이 심하며, 인지적으로 세부사항들에 주의를 잘 기울이지 않는 문제점이 있다고 보았다.

히스테리는 신경증의 원형이며 가장 최초의 형태였다. 정신분석 초기 히스테리 증상을 신경증으로 이해하던 것에서 점차 그 기원이 발달 초기, 즉 오이디푸스 이전 시기에 있는 장애로 이해하고 있다. 오늘날 임상 실제에서 순수한 형태의 히스테리는 이제 찾아보기 어렵다고 볼 수 있다. 히스테리는 이전보다 성격장애 성향이 더 강하고 더 치료하기도 어렵다고 받아들여지고 있다. 즉, 히스테리 개념을 증상보다는 성격장애 관점에서 정신병에 대한 방어로 이해하고 있다. 그리고 그 기원에서 초기 발달이 더 강조되고 있다. ◆

연극성 성격장애는
왜 생기는가

1. 정신역동 이론

1) 히스테리에 대한 이해

연극성 성격장애를 정신역동적으로 이해하는 것은 매우 중요하고 의미 있는 일이다. 그러나 정신역동적 개념들은 체험적으로 이해하지 않으면 그 정수를 파악한다는 것이 쉬운 일이 아닐 것이다. 연극성 성격장애에 대한 정신역동적 설명을 살펴보는 것은 인간 이면의 여러 측면을 새롭게 알 수 있는 기회가 될 수 있다.

자칫 우리는 '나는 연극성 성격장애가 아니므로 그런 사람과는 전혀 상관이 없다'고 쉽게 생각할 수 있을지 모른다. 그러나 우리 마음속에 잘나고 싶고 사랑받고 싶고 인정받고 싶은 마음이 공통적으로 있는 한, 연극성 성격장애자들이 지닌 많은 생각과 느낌을 우리도 어느 정도는 지니고 있다고 보아야 할 것이다. 이런 이론을 통해서 누가 연극성 성격장애가 있느냐 없느냐를 판단하기에 앞서서 먼저 자신을 이해하는 데 도움을 얻을 수 있도록 노력해야 할 것이다.

프로이트는 히스테리의 병인론을 처음에는 유혹설에서 찾으려고 하였다. 그는 여성 히스테리 내담자들이 어릴 때 성적 학대를 받았다고 한 말을 사실로 믿고, 어린 시절 부모나 다른 어른들로부터 성적으로 유혹을 당한 경험이 외상이 되어서 이러한 장애를 일으킨다고 가정하였다. 그렇지만 어린 시절의 기억은 왜곡된 경우가 많기 때문에 내담자의 충격적인 경험이 실제 일어난 사건인지 아니면 머릿속에서 만들어진 사건인지 판단하기 어려웠다.

점차 프로이트는 이러한 유혹설을 포기하고 환상설과 오이디푸스 콤플렉스의 개념을 주장하였다. 환상설이란 어린아이들이 생각하는 성적인 유혹이 실제가 아니라 아이들의 수준에서 있을 수 있는 환상에서 비롯된다고 보는 것이다. 프로이트는 히스테리 증상이 형성되는 데 있어서 아이들의 유아적인 사고와 인상에서 비롯된 일종의 환상이 개입한다고 보았다. 그는 신체적으로 성차를 구별할 줄 알게 된 어린아이들이 어른들의 성생활에 호기심을 보이고, 성적 자극을 유혹적으로 감지하며, 이것이 미숙한 아이들의 상상력을 자극하여 환상을 사실로 착각할 수 있다는 것을 깨닫게 되었다(윤순임, 1995).

오이디푸스 콤플렉스는 만 세 살 때부터 시작되어 학령기 전후까지 계속되며 일생에 걸쳐서 그 자취가 남아있게 된다. 오이디푸스 콤플렉스란 이 시기 아이들이 남녀 차이는 구분하지만 세대차는 구분하지 못해서, 한편으로는 이성 부모에게 끌리고 동성 부모를 경쟁자로서 경험하지만 다른 한편으로 양쪽 부모를 동시에 사랑하기 때문에 심한 갈등에 빠지는 현상을 가리킨다.

예를 들어, 이 시기에 있는 남자아이는 단지 아버지를 미워하고 두려워하기 때문에 갈등을 느끼는 것이 아니라, 아버지는 아이에게 있어서 좋아하고 사랑하는 모범인 동시에 어머니를 두고 경쟁해야 하는 경쟁자이기 때문에 심한 갈등을 경험하는 것이다. 이 갈등은 아이가 동성의 부모를 동일시함으로써 차츰 극복하게 된다.

오이디푸스 콤플렉스에는 세대 간의 갈등, 부모와 자녀 간의 갈등뿐만 아니라 부부간의 갈등, 남녀의 갈등, 형제간의 갈등, 추동과 문화의 갈등 등이 모두 집약되어 있다(윤순임, 1995). 그래서 발달적으로 이 시기에 성장 과정에서 문제가 생기면 성인이 되어서도 부닥치는 많은 갈등을 매우 어려워하며, 제대로 해결하지 못하고, 또 이런 갈등 상태에 반복해서 빠지는 문제를 지니게 된다.

이 시기에 앞서 인간은 생후 3년간의 초기 발달단계에서 누구나 심리적으로 일종의 '자기_{自己}'라는 체계를 구성하게 된다. 이때 자기란 현실에서 삶을 경험하는 전체로서의 개인을 의미하며, 개인의 신체적·심리적 조직화를 포함하고 있다. 자기라는 용어는 여러 학자에 의해서 조금씩 다른 의미로 사용되고 있는데, 대체로 일상적인 의미에서 다른 사람이 아닌 바로 자기 자신이 주체임을 나타낼 때 쓰는 자기로 이해하면 될 것이다.

이러한 자기체계가 인생 초기에 어떻게 형성되느냐에 따라 이후의 자기안정감, 자기가치감, 자기신뢰감 등이 큰 영향을 받는다. 이 시기에 발달상에 문제가 있으면 자기체계상에 문제가 생겨서 이후 성인이 되어서도 세상에 대해 객관적이고 합리적이며 현실적인 자세를 유지하기가 어렵고, 너무 쉽게 마음의 상처를 받는다든지, 자기 자신이 못났다고 지나치게 못살게 군다든지, 자신과 세상을 신뢰하기 어렵다든지 하는 등의 다루기 어렵고 복잡한 문제들을 일으킬 수 있다. 일반적으로 연극성 성격장애는 인생 초기에 '자기가 형성되는 시기'에서 비롯되는 문제들과 관련되어 있다.

비슷한 히스테리성 성향과 증상을 보이더라도 발달단계상에서 어느 시기에 문제가 있었느냐와 관련해서 달리 이해할 수 있다. 앞 절에서 간단히 기술한 오이디푸스 콤플렉스 시기 3~5세 무렵와 관련해서는 성정체감의 어려움이 주된 문제가 될 수 있다. 이는 자기 자신을 남자로서 또는 여자로서 편안하게 받아들이기 어려운 문제를 가리킨다. 사람들이 그런대로 자기의 성별에 대해 잘 받아들이고 기능하는 것으로 보기 쉽지만, 한 꺼풀 안으로 들어가면 의외로 성정체감과 관련된 복잡한 문제들을 지니고 있을 수 있다. 단순하게 환원시키기는 어렵지만, 이처럼 오이디푸스 시기의 발달 문제에 그 기원을 두고 있고 특히 성정체감 문제가 부각되는 사람들이 소위 히스테리성 성격장애라고 할 수 있다.

반면에 자기가 형성되는 3세 이전의 시기에 발달상에 문제가 있으면 자기안정감이나 자기가치감, 자기응집성 등이 주된 문제가 된다. 어느 정도 갈등이나 시련이 있더라도 크게 흔들리지 않고 삶을 꾸려가는 사람이라면 자기 구조가 튼튼한 사람이라고 말할 수 있을 것이다.

현재까지 진행되어 온 많은 연구에 따르면, 생후 3세 이전의 발달 초기에 아이를 보살펴주는 사람이 아이와 신체적으로나 심리적으로 적절히 접촉해주지 못할 때 아이는 내적으로 안정되고 응집된 자기체계를 형성하기 어렵다고 본다. 적절히 접촉해주지 못했다는 것은 아이를 돌보는 어머니나 그 대리인이 없는 경우도 포함되지만, 있다고 하더라도 우울하거나 아파서 아이에 대해 제대로 신뢰롭게 반응해주지 못하는 경우까지도 포함하는 말이다.

이처럼 일종의 상실 혹은 '모성결핍'을 겪은 아이들은 내적인 자기체계를 제대로 형성하지 못하기 때문에 여러 심리적 문제를 일으킬 수 있다. 여기서 다루는 연극성 성격장애도 이에 해당한다고 볼 수 있다. 이러한 논지에는 발달적으로 초기의 문제일수록 파급 효과가 크고 회복하기 어렵다는 함의도 깔려있다.

그러나 이러한 이해는 지나치게 단순하고 도식적인 측면이 있으므로 주의를 기울여야 한다. 인간의 문제라는 것이 단정적으로 이것은 어느 시기의 문제라고 규정내리기는 어렵고, 두 시기의 문제가 중복되어 나타나는 경우를 실제로 많이 볼 수 있기 때문이다. 가령, 발달 초기에 자기안정감에 문제가 생긴 사람이 오이디푸스 시기에 와서 그 문제가 더욱 중복되고 가중되는 것은 흔히 볼 수 있는 현상이기도 하다.

히스테리 증상이 어느 발달 시기와 관련되었든 간에, 히스테리 증상이나 성격에서 다른 심리장애와는 달리 공통적으로 지닌 히스테리만의 독특한 점은 '뭔가를 연출'한다는 데 있다고 볼 수 있다(Mentzos, 1982). 내담자들은 다른 사람에게나 자기 자신에게조차도 '마치 ~처럼 보이고 싶은 그 무엇'이 있다. 진짜 자신의 모습을 있는 그대로 보여주기보다는 자신이 남들에게 어떻게 보였으면 하는 희망사항에 맞추어서 자신도 모르게 그런 행동을 하는 것이다. 이런 연출을 통해 내담자는 자신을 실제 모습과는 '다른 모습으로' 보이게 만들 수 있다.

이렇게 자신의 모습을 다르게 보이도록 하는 것은 크게 2가지 방향으로 나타난다. 하나는 자신을 실제보다 더 약하고 무력하고 절망적인 것처럼 보이게 하는 것이고, 다른 하나는 자신을 실제보다 더 강하고 성숙하고 매력적으로 보이게 하는 것이다. 아마도 우리 문화에서는 약하게 보임으로써 책임을 면제받으려는 경향이 곳곳에 더 만연해있지 않을까 싶다. 특히 우리 문화에서 몸이 아프다고 하면 대부분 책임을 면제받을 수 있는 것도 히스테리적인 측면과 관련될 수 있다.

히스테리 성격과 증상을 이해하는 데 있어서 크게 2가지 사항을 고려해야 한다. 우선, 히스테리 내담자가 어떤 내적인 갈등을 지니고 있는지를 파악해야 한다. 이에 덧붙여서 '자기'의 구조적 상태가 어떠한지, 즉 심리적 구조가 얼마나 튼튼하고 안정적인지를 파악해야 한다. 사람은 똑같은 갈등을 경험하더라도 그가 지닌 심리구조의 견고함에 따라 반응이 달라질 수 있다. 그러므로 어떤 사람을, 또는 그 사람의 증상을 이해하기 위해서는 내적인 갈등과 자기구조를 동시에 파악해야 한다.

2) 발달적 기원과 히스테리 성격 유형의 관계

프로이트 이후 여러 학자는 일반적으로 히스테리 증상을,

억압된 성적 욕구에서 생기는 것으로 받아들였다. 그리고 이러한 욕구가 오이디푸스적인 공포 때문에 표현되지 못했을 때 히스테리적인 증상을 형성하게 한다고 보았다. 라이히(Reich, 1933)는 히스테리성 성격이 오이디푸스 단계 고착에 의한 것이라고 주장하였고, 페니켈(Fenichel, 1945)은 히스테리 성격 특성들이 강한 성적 공포와 강하지만 억압된 성적 열망 사이의 갈등을 드러낸다고 보았다. 덧붙여, 그는 히스테리 성격의 사람들이 모든 인간관계를 성적인 것으로 만드는 경향이 있다고 보았다.

이런 관점이 일반적으로 받아들여졌지만, 이 당시에는 오늘날의 입장에서 봤을 때 단순한 히스테리를 넘어서 자기구조가 형성되는 발달 초기에 문제가 있는 보다 심한 장애를 가진 내담자들이 많이 포함된 것으로 보인다. 초기 정신분석가들 중 일부도 히스테리 내담자들에게 오이디푸스 시기의 갈등뿐만 아니라 그 이전 시기에도 갈등이 있다는 것을 인식하였다.

그러나 이 당시는 이러한 발달 초기 장애에 대한 이해가 부족했기 때문에 히스테리 내담자들의 갈등은 오이디푸스적인 갈등이 퇴행한 것으로 보았고, 그 시기 이전 초기 발달 수준에 고착된 것으로는 보지 않았다. 계속적으로 히스테리 내담자들에 대한 이해가 깊어지면서 '오이디푸스 시기 이전'의 갈등이 히스테리 역동에서 보다 중요한 역할을 할 수 있다는 사실이

점차 밝혀졌다.

앞에서 기술하였듯이 비록 단순화시키는 위험성은 있지만, 대체로 어떤 사람이 가진 심리적 문제를 그 사람의 발달상의 고착 지점과 관련해서 살펴볼 수 있다. 이러한 발달 기원적인 관점에서 보면 히스테리성 성격장애는 3~7세 무렵의 오이디 푸스 시기와 관련해서 주로 갈등을 겪고 그 시기에 고착된 것 이며, 연극성 성격장애는 0~3세 사이에 자신을 돌보아주는 모성의 결핍과 관련해서 주로 심리적인 자기체계가 제대로 형 성되지 못하는 어려움을 겪는다고 볼 수 있다.

3) 연극성 성격장애 여성

연극성 성격장애를 지닌 여성 내담자의 경우, 삶의 매우 이 른 시기생후 3세 이전에 어머니의 보살핌이 부족하면 자신의 의 존욕구를 충족시켜줄 대상으로 필연적으로 아빠를 주목하게 되고, 아빠의 주의를 얻기 위해 교태를 부리고 정서를 극적으 로 연출하는 것이 필요함을 학습한다. 이런 여성들은 성장함 에 따라서 '아빠의 작은 소녀'로 계속 남아있으려는 소망을 충 족시키기 위해서 자신의 성숙한 성적인 측면을 억압해야 한다 고 느낀다.

처음으로 히스테리를 오이디푸스 시기 이전의 갈등으로 개념화한 학자는 마모르(Marmor, 1953)다. 그의 주장에 따르면, 히스테리 여성이 이성을 유혹했다가 상대방이 성적으로 다가오면 놀라고 당황하는 이유는, 실제로는 자신이 여자로서가 아니라 아이로 취급받기를 원하기 때문이라는 것이다.

겉으로는 구별하기 어렵지만, 이들의 이성에 대한 행동은 성적 욕구보다는 상대에게 받아들여지고 싶은 욕구에서 기인한다. 다시 말해서, 히스테리 내담자들의 이러한 유혹적인 태도는 한 사람의 남자 혹은 여자로 어필하고 싶은 성적인 의도라기보다는 '마치 어린아이처럼 보호받고 받아들여지고 싶다'는 무의식적 동기에서 출발하는 것이다. 이들에게는 오해받을 정도의 은근한 태도뿐 아니라 노골적인 도발적 행동까지도 사실은 성관계나 성적인 접촉을 하고 싶다는 마음에서가 아니라, 근본적으로는 아이처럼 보살핌을 받고 싶고 의지하고 싶은 동기가 내재되어 있다는 것이다. 그래서 유혹을 받은 상대방이 이를 성적인 의미로 해석하고 성적인 접근을 시도해오면 오히려 놀라면서 위축되고 회피하려 하는 경우가 더 많다.

때로는 성적으로 매우 문란한 행위를 하는 여성들조차도 실제로는 성적인 즐거움 자체는 잘 느끼지 못하는 경우도 많다. 왜냐하면 그들이 궁극적으로 추구하는 것은 어머니의 따뜻한 보살핌이기 때문이다. 연극성 성격장애 여성들은 무의식적으로 아직도 어머니의 사랑과 그 가슴을 그리워하고 있으며, 이를 대신할 상대로서 남자를 만나기 때문이다.

오늘날 연극성 성격장애는 성적인 문제보다는 우울이나 버려짐에 대한 불안, 자기가치의 위험에 대한 방어적인 특성을 많이 지니고 있는 것으로 본다. 이들은 대체로 발달 초기에 결핍 경험을 많이 함으로써 성격구조의 통합이 약하고 자아의 능력이 약해져 있다. 그래서 스트레스를 받으면 여기에 적절하게 대처하지 못하고 흔히 수동적이고 우울한 상태를 보인다. 또한 충동을 지연하는 능력과 좌절을 적절히 인내하는 능력이 떨어지기 때문에 충분히 생각하지 않고 곧바로 행동하는 경향을 보인다.

일반적으로 이들은 자존감이 낮고 자기개념이 부정적이며, 인간관계가 지속적이지 않고 예측하기 어려운 경우가 많다. 이들은 자기 자신이나 타인에 대한 현실적인 시각을 배우지 못하기 때문에 소위 자기 자신의 거대성, 즉 '잘나야만 한다' 는 데에 대한 집착이 강하고, 자신의 사소한 약점도 받아들이기 어려워하며, 질투와 소유욕이 강하고, 여러 성적인 문제를 일으키기도 하며, 약물이나 알코올 중독에 빠져들 가능성도 높은 편이다.

4) 히스테리성 성격장애 여성

연극성 성격장애에 비해 히스테리성 성격장애 여성들은 어느 정도 성공적으로 자기 구조를 형성하는 것 같다. 그러나 이들은 오이디푸스 시기에 부모와의 관계에서 생겨나는 갈등을 극복하지 못하고, 또 동성의 부모를 동일시하지 못한다.

히스테리성 성격의 여성은 자신이 남성인 아버지처럼 어머니를 물리적으로 소유할 수 없다는 사실과 타협해야 한다. 이들은 자신의 성차를 자각하면서 자기 자신에 대해 실망하고 상처받는다. 그래서 자신이 여성이라는 것을 그대로 받아들이지 못하고 동요하게 되는 것이다.

결과적으로 이들은 추구할 대상을 어머니로부터 아버지로 바꾸지 못한 채 어머니에 대한 무의식적인 애착을 유지하는 것으로 보인다. 이들에게는 어머니에 대한 강한 애착과 라이벌 의식이 공존하기 때문에 어머니를 현실적으로 받아들이기 어려워진다. 이렇게 되면 어머니를 포기하고 그 슬픔을 애도하는 과정을 가질 수 없게 된다.

포기해야만 얻는 것도 있다. 어린 시절에 꿈꾸던 그 어머니를 포기하지 못하면 차후에 어머니의 좋은 점을 재발견할 수 없으며, 결과적으로 어머니를 동일시하기가 어려워진다. 이처럼 히스테리성 여성 내담자는 상징적인 동일시 과정을 경험하지 못함으로써 많은 모순된 동일시를 동시에 지니게 된다. 여성인 어머니를 받아들이지 못하고 자신의 여성성도 받아들이지 못함으로써 마음속에 남녀 양성에 대한 통합된 표상을 갖지 못하고 우왕좌왕하게 된다. 그 결과 자신의 욕구 대상을 결정하지 못함으로써 자기 자신을 여성으로도 남성으로도 정의할 수 없게 된다.

히스테리성 성격장애 내담자들은 자신에게 영원한 사랑과 항상 칭찬을 해줄 수 있는 이상화된 대상에 매우 의존되어 있다. 그래서 이들은 작은 실패에도 완전히 안절부절못할 수 있다. 즉, 이상화된 대상이 조금만 자신을 인정하지 않거나 또 그럴 만한 일을 자신이 저질렀다고 생각하는 경우에는 마음의 평정을 잃어버린다. 히스테리성 성격장애 내담자들은 스스로 불안에 대처하고 삶의 변천에 대처할 수 있는 현실적인 힘을 획득하려 하기보다는, 보다 강하고 이상적인 대상을 소유함으로써 자기 삶을 어렵게 유지하려 한다.

이런 이유로, 히스테리성 성격장애 내담자는 치료자에 대해 완전한 만족을 기대하고 관계가 조금만 흐트러져도 쉽게 절망하고 좌절한다. 히스테리성 성격장애 내담자들은 삶을 통해 이런 유형의 관계를 반복한다. 이처럼 자신의 경험을 통해 현실을 배우는 대신, 어딘가 있을지도 모르는 자신을 만족시켜줄 이상화된 대상을 찾아 헤매다 보면 자연히 실제 인물과의 관계에는 대체로 지루하고 좀처럼 매력을 못 느끼게 되는 것이 당연하다. 환상 속의 낭만을 찾다가 그렇게 달콤하지 않은 현실을 받아들이기란 쉽지 않은 일일 것이다.

5) 연극성 및 히스테리성 성격장애 남성

비록 히스테리성 성격장애 내담자들의 대부분이 여성으로 알려져 있지만, 남성들 가운데에도 히스테리성 성격장애 내담자들이 존재한다. 연극성과 히스테리성 성격장애 여성 내담자의 특성이 그 기원과 근본 특성에서는 남성 내담자와 비슷하다고 볼 수 있다.

연극성 성격을 지닌 남성은 생애 초기에 모성의 결핍을 경험했고 대신 아버지에게 보살핌을 구했을 것이다. 이때 아버지가 없거나 정서적으로 보살핌을 주지 못했다면, 이 아들은 다음 2가지 중에서 하나를 선택해야 했을 것이다. 어머니를 모방해서 수동적이고 여성적인 정체감을 발달시키거나, 여성성에 대한 불안에서 도망치고 어머니처럼 되고 싶은 퇴행적 욕구를 방어하기 위해, 그리고 과도한 남성성hypermasculinity을 취하기 위해 다양한 문화적인 고정관념을 모방했을 수 있다.

히스테리성 성격의 남성은 어머니에게 강한 애착을 가진 채로 오이디푸스 시기에 들어간다. 이때 자기 자신이 아버지나 다른 성인 남성과 비교해서 신체적으로든 성적으로든 부족하다는 것을 경험하는데, 자신이 부족하다는 깨달음에서 오는 나르시스적인 상처는 이들로 하여금 오이디푸스 콤플렉스의 경쟁적 상황으로 들어가지 못하게 만든다. 따라서 이들은 어머니에게 애착된 채로 남아 동일시를 통해 수동적이고 여성적이 된다. 이들에게는 어떤 여성도 어머니를 대신할 수 없기 때문에 항상 여성들에게 실망할 가능성이 높다.

어떤 히스테리성 남성은 독신으로 있으면서 어머니에 대한 충실성을 무의식적으로 유지하는 사람도 있다. 또는 성적인 부적절감을 방어 내지 보완하기 위해 보디빌딩 같은 남성적인 활동에 빠져들기도 한다. ✦

2. 인지행동 이론

인지행동 이론은 사고가 감정과 행동을 결정한다는 가정에 기초하고 있다. 우리가 어떤 상황에 부딪쳐서 어떤 감정을 느낄 때, 그 감정은 우리가 그 상황을 어떻게 보고 해석했느냐에 따라 결정된다고 본다. 즉, 개인이 어떤 사고방식과 신념을 지니고 있느냐에 따라 그 사람의 행동과 정서 패턴이 달라진다는 것이다. 따라서 인지행동 이론에서는 성격장애를 이해하기 위해서는 그러한 성격 특성을 유발하는 인지적 특성을 밝히는 것이 중요하다고 주장한다.

1) 인지도식

성격장애에 대한 인지행동적 이론은 인지도식schema에 초점을 두어 설명한다.

우리가 어떤 자극의 의미를 해석할 때는 백지 상태에서 정보를 수집해서 해석하는 것이 아니라 과거 경험에서 얻은 기억 내용의 영향을 받는다. 이러한 과거 기억은 마구잡이로 저장되어 있는 것이 아니라 나름대로 체계적인 구조를 지니고 있는데, 이를 인지도식이라고 한다. 즉, 인지도식이란 한 개인이 주변의 자극들을 선택적으로 받아들이고, 받아들인 자극의 의미를 해석하고 자신의 경험을 나름대로 체계화하는 인지적인 틀을 의미한다.

이러한 인지도식은 특정한 상황에 대해 그 사람만의 특정한 기대를 형성할 뿐만 아니라 그 상황의 어떤 측면에 주의를 기울여 정보를 수집할 것인지를 유도하며, 이러한 정보를 어떻게 해석할 것인지의 방향을 결정하기도 한다. 동일한 생활 사건에 대해서 해석이 달라질 수 있는 것은 이러한 인지도식이 사람마다 다르기 때문이다.

이러한 인지도식의 바탕에는 그 사람의 마음속 깊은 곳에 뿌리 깊고 중심이 되는 한 가지 신념이 내재되어 있다고 보는데, 그것을 핵심 신념이라고 부른다. 예를 들면, 어떤 사람은 '나는 썩 괜찮은 사람이다'라든가 '나는 무가치한 존재다'라는 등의 신념을 가지고 있을 수 있다. 이런 핵심 신념이 바탕에 존재하고, 이런 신념과 일치하는 여러 구체적인 내용이 인지도식에 자리 잡는다.

우리가 매일매일 구체적인 상황에 처할 때마다 순간적으로 그 상황에 관한 생각이 떠오르는데, 이 생각은 바로 그 상황에 대한 '해석'이 되며, 그 해석은 우리가 가진 인지도식의 내용과 잘 들어맞는 식으로 이루어지게 된다. 그렇기 때문에 인지도식은 우리에게 있어 자신이 부딪치는 상황이 자신에게 어떤 의미를 갖게 되는가를 결정짓는 중요한 역할을 하게 되는 것이다.

한편, 그러한 '해석'을 하는 데는 인지도식의 내용뿐 아니라 그 사람이 가진 독특한 사고방식이 영향을 미치게 된다. 이러한 방식이 그 사람의 정신건강에 나쁜 영향을 미치는 부적응적인 성질의 것일 경우 이를 '인지적 오류'라고 부른다. 예를 들어, 이것 아니면 저것이라고 과도하게 단순화시켜 생각하는 방식이분법적 사고이라든가, 조그만 실수라도 굉장히 큰일이 벌어진 것처럼 과대하게 생각하는 방식파국적 해석 등을 들 수 있다(그림 참조).

일상생활에서 개인이 지닌 인지도식은 그것이 정당하다고 인정되는 방식으로 계속해서 반복 검증됨으로써 더욱 공고해지게 된다. 그렇게 되면 인지도식이 그 사람에게 주는 영향력은 더욱 커지게 되고, 상황에 대한 해석은 더욱 그 인지도식과 맞는 방향으로 이루어지게 될 것이다. 이러한 과정은 우리가 일상을 살아가면서 반복되는 것이다.

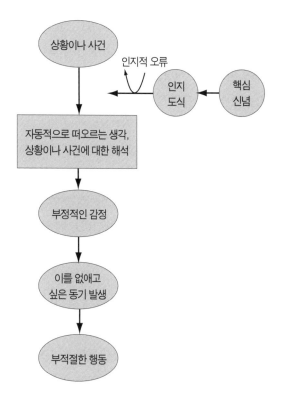

〈일상적 상황 해석 및 행동의 과정〉

인지도식은 상황에 대한 해석을 쉽고 간편하게 만듦으로써 매우 적응적인 기능을 한다. 우리가 어떤 사람을 만날 때마다 해석과 판단을 처음부터 늘 다시 시작해야 한다면 그것은 너무도 힘들고 피곤한 일일 것이다. 그러나 그 사람에 대한 인지적 도식이 있다면 우리는 자동적으로 이를 떠올리게 되고 처음부터 다시 해석을 하는 수고를 하지 않아도 될 것이다. 우리가 하루 종일 만나는 사람, 그리고 우리가 하루 종일 부딪치는 상황의 수를 생각한다면 인지도식의 적응적 효용성은 더욱 자명해진다.

그러나 그 내용이 부적응적인 것으로 채워지게 된다면 상황에 대한 해석이 '왜곡되게' 이루어지게 된다. 흔히 '색안경 끼고 본다'는 말처럼, 왜곡된 인지도식이라는 안경을 끼고 상황을 바라보게 되면 그 인지도식의 색깔대로 왜곡되어 보이게 될 것이므로, 원래의 유용성이나 효용가치를 상실하고 오히려 악영향을 미치게 될 것이다.

한편, 인지도식이 강력하면 강력할수록 우리의 해석은 더욱 융통성 없고 경직되게 이루어질 것이며, 잘못된 해석을 고치기도 더욱 어려울 것이다. 잘못된 인지도식은 왜곡된 해석이 반복됨으로써 더욱 강화되고, 강화된 인지도식은 해석을 더욱 왜곡되게 하는 악순환을 반복하게 만든다. 이러한 악순환 개념은 인지행동 이론에서 인지도식 개념과 함께 연극성 성격장애를 이해하는 가장 핵심이라고 볼 수 있다.

2) 연극성 성격장애자의 인지도식

인지행동 이론에서는 앞에서 말한 바와 같이 연극성 성격장애가 연극성 성격장애적인 특성을 지닌 잘못된 인지도식 때문에 생긴다고 본다. 이러한 인지도식 때문에 더욱 연극성 성격장애적인 해석을 하여 인지도식이 강화되는 악순환을 겪으므로 연극적 성격장애는 그 정도가 더욱 심해지고 경직되게 된다고 설명한다.

먼저 연극성 성격장애자들의 연극성 성격장애적인 인지도식이란 과연 어떤 것인지 살펴보고, 연극성 성격장애적인 상황 해석과 그러한 해석 및 판단이 인지도식을 강화해가는 과정을 살펴보기로 한다.

인지행동 이론에서는 연극성 성격장애자가 되는 이유는 연극성 성격적인 인지도식이 그들 마음속에 형성되어 있기 때문이라고 설명한다. 그러나 이러한 인지도식이 어떻게, 왜 형성되었는지 그 과정은 자세히 설명하지 않는다. 인지행동 이론에서는 그보다는 연극성 성격적인 인지도식이 어떤 것인지를 규명하는 데 초점을 둔다.

그렇다면 연극성 성격장애자의 인지도식은 어떤 내용으로 이루어져 있을까? 대표적인 인지행동 이론가이자 치료자인 아론 벡(Aaron T. Beck, 2004)은 그 내용을 다음과 같이 정리하고 있다.

- 나는 재미있고 다른 사람에게 즐거움을 주는 사람이다.
- 내가 행복하려면 다른 사람들이 나에게 관심을 가져 주어야 한다.
- 다른 사람들을 즐겁게 해주거나 좋은 인상을 심어주지 못하면 나는 아무것도 아니다.
- 다른 사람들을 계속 내 곁에 붙잡아두지 않으면 더 이상 나를 좋아해주지 않을 것이다.
- 내가 원하는 것을 얻는 방법은 사람들을 감탄하게 하거나 즐겁게 하는 것이다.
- 사람들이 나에게 아주 우호적으로 반응해주지 않는다면 그 사람들은 아주 무례한 것이다.
- 사람들이 나를 무시한다면 그건 너무나 끔찍한 일이다.
- 다른 사람의 관심을 가장 많이 받아야 한다.
- 나는 열심히 생각하는 수고를 할 필요가 없다. 나는 '내 안에 있는' 느낌으로 다 알 수 있다.
- 내가 사람들을 즐겁게 해주면 사람들은 내 약점을 알아차리지 못할 것이다.
- 나는 지루한 것은 참을 수가 없다.
- 어떤 것을 하고 싶어지면 나는 꼭 그것을 해야만 한다.

- 내가 극단적인 방식으로 행동할 때에만 사람들은 나에게 관심을 기울일 것이다.
- 합리적인 생각과 계획보다 감정과 직관이 훨씬 더 중요하다.

앞서 열거한 생각을 연극성 성격장애자들이 늘 인식하면서 살아간다는 뜻은 아니다. 이러한 신념은 마음속 깊은 곳에 자리 잡고 있는 것으로, 머릿속에 늘 떠올라 있는 것이 아니라 순간순간 어떤 상황에 직면할 때 떠오르게 되는 다양한 생각에 영향을 미치는 역할을 한다.

벡이 말한 인지도식의 내용 외에도, 연극성 성격장애자들이 인지도식 내에 가지고 있는 몇 가지 중요한 신념이 있다. 연극성 성격장애자들이 가진 가장 중요한 핵심 신념의 하나는 '나는 뭔가 부족하고 못난 가치 없는 사람이다'라는 것이다. 이런 신념은 '나는 충분하고 잘나지가 못했기 때문에 혼자서는 삶을 살아갈 수가 없다'는 신념으로 발전하게 된다. 이러한 뿌리 깊은 핵심 신념은 비단 연극성 성격장애에서만 보이는 것은 아니다. 어떻게 보면 모든 심리장애의 핵심 신념이 이와 같다고 해도 과언이 아닐 것이다. 이런 신념은 자기애적 특성을 지니는 것으로 매우 폭넓은 영향을 미친다고 볼 수 있다. 이러한 핵심 신념이 겉으로 발현되는 양상을 다르게 하는 것이 바로 그 상위 단계인 인지도식의 내용의 차이인 것이다.

또 한 가지 중요한 신념은, '나는 부족하고 못났기 때문에 다른 사람들이 나를 도와줘야 한다'는 것이다. 즉, '나는 혼자서는 살아갈 능력이 없으므로 다른 사람의 도움이 필요하다. 다른 사람이 내 생존의 열쇠를 쥐고 있다'고 믿는 셈이 된다. 따라서 '내 생존의 열쇠를 쥐고 있는 세상 사람들에게 나는 사랑받지 않으면 안 된다. 그렇기 때문에 내가 하는 모든 일에 대해서 모든 사람에게 사랑을 받아야 한다. 내가 살아남기 위해서는 다른 사람에게 거절당해서는 안 된다'는 신념이 파생되는 것이다.

그렇다면 이러한 인지도식은 왜 생겨났을까? 인지행동 이론에서는 이것이 어린 시절 부모와의 관계에서 학습되었다고 설명하고 있다. 즉, 애교를 부리고 귀엽게 굴면 부모가 자꾸 그런 측면에 대해서 칭찬해주고 사랑해주며 보살펴주지만 그렇게 하지 않을 경우 사랑을 주지 않는 것처럼 보인다면, 아이들은 당연히 부모가 사랑해주는 행동을 자꾸 하게 된다는 것이다.

또 부모가 하는 행동을 보고 배우기도 한다. 부모 중의 누군가가 연극성 성격장애나 그러한 성격 성향을 가질 때 자녀가 연극성 성격이 되는 경우가 많은 것도 그런 이유 때문이다. 어떻게 했을 때 칭찬과 사랑을 받고 어떻게 했을 때 그렇지 못했다는 경험이 반복적으로 쌓이고, 또 부모의 행동을 보고 배우는 과정에서 아이들은 부적응적인 신념들을 인지도식 내에 차곡차곡 쌓아가게 되는 것이다.

3) 인지도식의 신념과 연극성 성격장애적 행동

앞서와 같은 내용의 신념들로 이루어진 인지도식은 연극성 성격장애자가 어떤 상황에 부딪쳤을 때 이를 연극성 성격장애적인 방식으로 왜곡하여 해석하고, 연극성 성격장애적인 방식으로 행동해야겠다는 동기를 심어주는 역할을 하게 된다.

예를 들어, 여러 친구가 모인 자리에서 옆의 동료가 재미있는 얘기를 하여 사람들을 즐겁게 할 때, 이러한 상황을 '내가 관심의 중심이 되지 못하고 있다'라고 해석하는 것이다. 이들은 '내가 행복하려면 다른 사람들이 나에게 관심을 가져주어야 한다'는 신념을 가지고 있기 때문에 '행복하지 못한' 기분에 빠져 시무룩해지게 될 것이다.

그러면 '내가 극단적인 방식으로 행동할 때만 사람들은 관심을 기울일 것이다'라는 신념이 발동하여 친구보다 훨씬 화려한 표현을 써가며 재미있는 얘기를 해주려고 애를 쓴다거나 친구의 얘기를 깎아내리는 말을 하는 등 상황에 부적절해 보이는 행동을 하게 된다. 이는 더 말할 것도 없이 사람들에게 좋지 않은 인상을 주게 되며 연극성 성격장애 패턴의 악순환

을 반복하게 된다(그림 참조). ◆

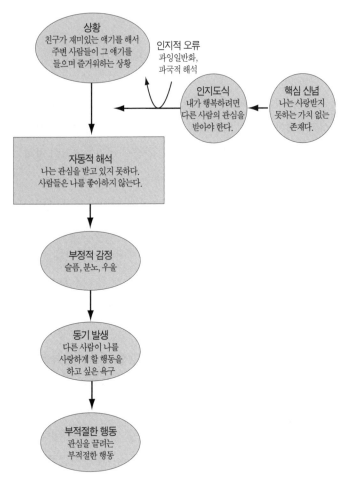

〈연극성 성격장애자의 상황 해석 및 행동의 과정〉

3. 밀론의 생물사회학습 이론 및 진화 이론

1) 성격장애의 기본 가정

성격장애의 생물사회적 학습 이론Biosocial-Learning Theory을 주장한 시어도어 밀론Theodore Millon은 이후 자신의 이론을 좀 더 확장하고 발전시킨 진화 이론을 발표하였다. 이 이론을 담은 저서에서 밀론은 한편으로 성격장애 혹은 성격발달에 대한 이론을 고대에서부터 현대에 이르기까지 망라하여 정리하고, 앞에서 소개한 여러 성격장애를 자신의 이론을 기반으로 설명하였다(Millon, 1981). 밀론의 이론적 틀 내에서 연극성 성격장애가 어떻게 설명되고 있는지를 살펴보자.

밀론은, 성격장애는 앞에서 살펴본 인지도식의 잘못인지행동 이론, 어린 시절 부모와의 관계에서 입은 상처와 여기에서 비롯되는 무의식적인 충동정신역동적 이론, 혹은 두뇌의 신경화학적 기능장애생물학적 이론 등의 이유로 설명해서는 완전히 이해될 수 없다고 보았다.

밀론은 흥미롭게도 성격장애를 진화 과정이 잘못 전개되어 나타나는 것이라고 보았다. 인지, 무의식적 구조, 대인관계 스타일, 신경호르몬의 역동적 시스템은 훨씬 깊은 곳에 내재되어 작동하고 있는 진화 과정을 반영하는 것이거나, 진화 과정과 어떤 관련성을 맺고 있을 뿐이라는 것이다. 인지와 무의식적 구조 등 각각은 진화 과정에서 생긴 병리적인 모습이 외적으로 발현되어 나타나는 영역이 어디인가를 알려주므로 병리를 구체적으로 이해하는 데 유용한 수단이 되지만, 병리적인 모습이 나타난 것 자체가 장애는 아니며 다만 인지, 행동, 정서, 생물학적 영역에서 그 병리가 표현된 것이라고 주장하였다.

밀론에 따르면, 사람의 성격과 정신병리는 사람과 환경의 상호작용의 결과로 발달하게 된다. 또 두뇌, 유전자, 신경호르몬 등의 생물학적 요인과 심리학적 요인의 상호작용도 영향을 미친다. 그러나 어떤 것이 먼저이고 어떤 것이 나중인가를 구분할 수는 없으며 서로 쌍방향적으로 영향을 미친다고 본다.

성격을 이해하는 중요한 틀로 차원dimension을 상정하는 연구자가 많다. 이는 양극단을 갖는 특정 차원의 연속선상에서 그 사람이 어느 정도에 위치하는지를 설명하고자 하는 것으로, 차원이 많아질수록 각 차원의 연속선상의 위치의 '조합'으로 성격을 설명하는 입장이다.

　가장 대표적인 차원 모델 연구자들로는 대인관계를 연구하는 심리학자들이 있는데, 이들은 사람들이 대인관계에서 보이는 행동을 '사랑-미움' 차원과 '지배-복종' 차원으로 이해하고 개념화할 수 있다고 보았다. 사랑-미움 차원 연속선상에서 미움의 극단에 가까우면서 지배-복종 차원 연속선상에서는 지배의 극단에 가까운 사람을 적대적이고 권위적인 대인관계 행동을 보이는 유형이라고 분류하는 것을 그 한 예로 들수 있다.

　마찬가지로, 20세기 초에 여러 연구자는 성격을 이해할 수있는 중요한 차원들을 발견하고, 사람들을 면밀히 관찰함으로써 이를 확인하려는 노력을 기울여 왔다. 하지만 이를 자신의 고유한 이론으로 전개하여 발전시킨 사람이 없었는데, 이 작업을 20세기 후반에 와서 밀론이 진행하여 자신의 생물사회적 학습 이론으로 확립시킨 것이다. 즉, 각 차원의 극단의 조합을 통해서 사람의 성격과 성격장애를 설명하는 이론을 만들어낸 것이다. 밀론이 상정한 차원들이 무엇이며, 각각은 어떤 특성을 갖는지 살펴보자.

(1) 생존: 즐거움-고통 차원

이 차원은 사람의 행동이 '무엇을 어떻게 추구하려고 하는가'에 대한 것이다. 즐거움의 극단은 좋은 것, 만족스러운 것, 하고 싶은 것을 얻기 위해 행동하는 성향을 의미하고, 고통 차원은 힘들고 혐오스러운 것을 피하기 위해 행동하는 성향을 의미한다. 사람이 기본적으로 좋은 것을 찾고 나쁜 것은 피해야 살아남을 수 있지 않겠는가? 밀론은 그러한 의미에서 이 차원을 생존과 관련된다고 보았다.

(2) 생식: 주체-객체 차원

이 차원은 추구하려는 행복이나 피하고자 하는 불행을 '어디서 찾는가'를 나타낸다. 주체 극단에 가까운 사람은 이를 자기 자신에게서 찾고, 객체 쪽에 가까운 사람은 이를 다른 사람에게서 찾는 성향이 있다. 자기 자신을 살아남게 하면서 동시에 다른 사람과 관계를 맺어야만 후손을 낳아 자신의 유전자를 퍼뜨릴 수 있을 것이다. 밀론이 이 차원을 생식 차원과 관련시킨 것은 바로 이러한 의미다.

(3) 적응: 능동-수동 차원

이 차원은 사람이 행복을 찾거나 불행을 피하기 위해 '어떻게 행동하는가', 즉 능동적으로 행동을 취하는가 아니면 수동적으로 그저 받아들이고 대처하는가에 대한 것이다. 밀론은 이 차원은 살아가면서 순간순간 적응할 때의 행동과 관련된다고 보았다.

생존, 생식, 적응 등은 모두 진화 이론적 용어다. 원래 즐거움-고통 등의 3가지 차원은 밀론의 생물사회적 학습 이론에서 먼저 제안되었던 것으로, 이 각각의 진화적 의미는 최근에 진화 이론에서 발표된 것이다. 밀론은 이 두 극단의 특성이 조화롭게 균형을 이루는 것이 정상적이고 바람직한 모습이라고 하였다.

2) 각 성격장애와 차원의 관계

그렇다면 이러한 차원과 각각의 성격장애가 어떻게 관련지어질 수 있는지 한번 살펴보도록 하자. 다른 성격장애에 대해서는 간략하게만 소개하도록 하겠다.

(1) 생존: 즐거움-고통 차원

- 삶의 향상: 즐거움이나 자신에게 이익이 되는 경험을 찾는 것은 살아가면서 너무나 당연한 일이다. 여러 성격장애 중에서 이와 같은 작업을 너무 못해서 생기는 장애가

바로 분열성 성격장애와 회피성 성격장애다.

- 삶의 보호: 자신에게 닥쳐오는 위험이나 싫은 것을 피해 가는 것도 당연한 일이다. 그러나 현실에 근거하지 않은 지레짐작으로 너무 지나치게 피하는 것은 회피성 성격장 애이고, 자신에게 닥쳐오는 위험을 전혀 아랑곳하지 않 는 것은 반사회성 성격장애다.

(2) 생식: 주체-객체 차원

- 생식적 개인화individuation: 자기에게 초점을 맞추고 독립적 으로 자기실현을 이루는 일은 살아가면서 필요할 뿐 아 니라 자기 자신의 유전자를 더 좋은 상태로 후세에 남기 기 위해서도 중요하다. 자기실현을 포기하고 다른 사람 에게만 지나치게 의존할 때 의존성 성격장애가 된다.

- 생식적 돌봄nurturance: 자기 자신을 스스로 사랑하고 돌보 는 것뿐 아니라 다른 사람도 건설적으로 사랑하고 존중 하고 위할 수 있어야 한다. 자기 자신에게만 지나치게 치 중하게 되면 반사회성 성격장애와 자기애성 성격장애를 낳게 될 수 있다.

(3) 적응: 능동-수동 차원

- 생태적 조절accommodation: 수동적인 방식으로 환경에 자

신을 맞추어가는 행동은 상황에 따라 적절히 필요하다. 이 부분에서 지나치게 환경에 자신을 맞추는 것이 바로 연극성 성격장애다. 여기에는 의존성 성격장애, 강박성 성격장애, 그리고 자기애성 성격장애도 포함된다. 자기애성 성격장애자들은 자신이 능동적으로 노력을 기울이지 않아도 좋은 결과나 좋은 일은 원래 자신의 몫으로 되게 되어 있다는 특권의식이 있기 때문이다.

• 생태적 수정modification: 능동적 방식으로 주위 환경을 바꾸거나 재배열하는 것도 살아가면서 필요한 일이다. 이때 지나치게 능동적으로 자기 마음대로 하는 경우를 반사회성 성격장애로 볼 수 있다.

성격장애를 설명하는 밀론의 방식은 엄밀히 말하면 성격장애를 설명한다기보다는 새로운 이론적 틀로 분류하고 기술하는 것이다. 실제로 밀론은 각 성격장애의 원인에 대해 이론적 틀과는 또 다른 차원에서 설명하고 있다.

3) 연극성 성격장애의 원인

그렇다면 밀론의 이론에서 말하는 연극성 성격장애의 원인은 무엇일까? 밀론은 정신역동 이론과 마찬가지로 어린 시절 부모와의 관계에서의 반복적인 어떤 경험이 연극성 성격장애를 낳게 한다고 보았다. 그런데 그러한 경험에 대한 설명은 정신역동 이론처럼 마음의 심층적인 수준에서 이루어지는 것이 아니라, 인지행동 이론처럼 좀 더 행동적이고 일반적인 수준에서 이루어진다. 그렇다면 밀론은 어린 시절의 어떤 경험이 연극성 성격장애의 원인이 된다고 설명하는지 살펴보자.

(1) 어린 시절의 과잉자극

밀론은 연극성 성격장애자들에게 아주 어린 시절에 매우 풍부하고 다양한 자극이 주어졌을 것이라고 보았다. 요즘도 아이들을 키울 때 다양한 것을 보고 듣고 경험하게 해야 한다는 것이 조기교육의 기본 방침 중의 하나가 되고 있다. 여기서 자극이란 매우 광범위한 개념으로 주변 사람의 말이나 행동, 칭찬, 처벌, 상황 변화 등을 모두 포함한다.

그런데 연극성 성격장애자들의 경우에는 이러한 자극이 지나치게 풍부하고 다양했거나, 다양한 자극이 짧고 불규칙한 방식으로 여러 번 주어졌거나, 그 자극이 지나친 긴장을 유발했다고 볼 수 있다. 예를 들어, 부모가 맞벌이를 하기 때문에 계속 돌보아주지 못해서 할머니 할아버지, 외할머니 외할아버지, 이모, 고모, 삼촌네 집을 돌아다녀야 했을 경우를 생각해 볼 수 있다.

이렇게 어린 시절에 자극을 다른 사람보다 더 많이 더 큰 정도로 경험했던 사람은 나중에 성장하여 다른 사람이라면 100 정도의 자극에 느낄 수 있는 만족을, 자극이 200 정도는 되어야 느낄 수 있다는 것이다. 계속 과잉자극을 받았던 사람은 웬만한 자극에는 만족을 느끼지 못하는 것이다. 따라서 연극성 성격장애자들은 다른 사람의 웬만한 칭찬이나 관심에는 만족을 하지 못하고 과도하게 욕심을 부리게 되는 것이다.

(2) 비일관적인 양육방식

연극성 성격장애자들은 부모의 관심과 애정을 얻기 위해서는 부모의 소망과 기대를 충족시켜주어야 하고, 그러기 위해서는 어떠한 행동을 해야 하는지를 학습해왔다고 밀론은 설명한다.

밀론은 부모들이 야단을 치거나 벌을 주는 법이 거의 없었기 때문에 아이가 '나에게는 늘 관심과 사랑만 주어지는 것이 당연하다'는 생각을 부지불식간에 하게 되었을 것이라고 가정한다. 두 번째 가설은, 부모가 아이에게 긍정적인 반응을 보이는 경우는 부모 자신의 마음에 드는 행동을 했을 경우, 예를 들어 아이가 애교를 부리고 귀엽게 굴었을 경우에 국한되었으리라는 것이다. 세 번째 가설은 이러한 칭찬이나 보상이 매우 불규칙적이었다는 것이다. 예를 들어, 아이가 부모의 관심을 끌기 위해 부모가 좋아하는 행동을 했음에도 불구하고 부모가 그런 행동에 일관되게 칭찬하거나 관심을 가져주지 못하고 어떤 때는 관심을 보이고 어떤 때는 무시했기 때문에, 아이가 의아한 나머지 이러한 행동을 자꾸 반복하도록 만들었다는 것이다.

이런 경험은 성격에 영향을 미쳐 아이는 칭찬이나 인정 등 다른 사람의 긍정적인 반응을 유발하기 위한 전략을 세우려고 하게 된다. 또 다른 사람이 자기가 한 일에 대해 인정을 해주었을 때에만 '나는 괜찮은 사람이구나' 하는 느낌과 '사람들이 나를 좋아하는구나' 하는 느낌을 갖게 된다. 그리고 자신이 살아남기 위해서는 반드시 인정을 받아야 하는 습관이 생기게 된다.

이런 경험이 반복되면 그 아이는 적극적으로 다른 사람에게 매달리게 되고, 좋은 것을 얻기 위해 스스로에게보다는 다른 사람에게 의존하려는 생각을 부지불식간에 갖게 된다. 아이들은 다른 사람을 기쁘게 하고 다른 사람의 마음에 들기 위한 행동을 하지만, 아이가 원하는 칭찬과 인정이라는 보상을 줄지 말지 또 언제 줄지를 결정하는 것은 항상 자신이 아닌 다른 사람들이다. 따라서 아이들은 자신이 노력하기는 했지만 이 노력이 상대방의 마음에 들어서 자신에게 보상이 주어질 것인가를 기다려야만 한다. 따라서 자신의 행동이 적절한지, 어떤 것이 적당한 행동인지를 결정하는 것도 다른 사람의 반응에 의해 판단하게 된다.

(3) 부모 모델링

아이들은 무의식적으로 자신이 본 것을 그대로 배운다. 가족들이 무심코 드러내는 태도와 감정, 우연히 보이는 일상적인 행동들도 아이는 보고 배우게 된다. 아이는 자신이 그것을 왜 따라하는지, 지금 무슨 행동을 하고 있는지조차 인식하지 못하는 아주 어린 시절부터 이렇게 보고 배우는 것이다. 이때 부모가 연극적 성격을 가지고 있어 그러한 방식으로 행동을 했다면, 아이는 부지불식간에 그것을 '사람들이 행동하고 느끼는 방식'으로 배우게 된다.

(4) 형제자매와의 경쟁

밀론은 어린 시절부터 다른 형제자매들보다 자신이 부모의 관심을 더 끌려면 더 귀여워야 하고 더 애교를 부리면 된다고 생각하게 되었을 수 있다는 가설을 제시했다. 이는 부모가 아이에게 그런 생각을 심어주는 방식으로 행동했기 때문이다. 이렇게 되면 성인이 되어서도, 사실은 그렇지 않은 상황인데도 불구하고 경쟁구도로 판단하여 자신이 과거에 학습한 전략, 즉 연극적으로 행동하는 것을 다시 구사하게 될 수 있다고 보았다.

(5) 아동기의 과잉기대

귀여운 아기, 예쁜 소녀나 멋진 소년이라면 아무런 행동을 하지 않아도 그 존재 자체만으로도 다른 사람의 관심과 애정이 주어졌을 것이다. 이러한 경험은 '나는 당연히 관심을 받아야 한다'는 기대를 늘 갖게 만든다. 이들은 다른 사람의 인정에 익숙해져 있고 항상 관심받기를 기대하는 것을 학습했기 때문에 다른 사람에게 과도하게 의존하게 된다.

성인이 되고 상황이 변화함에 따라 자신이 기대한 만큼의 관심과 인정이 주어지지 않을 때는 마음이 매우 불편해지게 된다. 따라서 관심과 인정을 받기 위해서는 끊임없이 자신의 외적인 매력을 연기해 보여야 한다는 생각과 그렇게 행동하려는 경향을 반복하는데, 이것이 바로 연극성 성격장애의 패턴이 된다는 것이다.

(6) 부모의 비일관적인 가치관

밀론은, 부모가 아이들에게 일관되고 안정적인 가치관을 세워주지 못하면 아이가 자라서 연극성 성격장애를 보이게 된다고 보았다. 이러한 부모들은 나름대로 자유방임주의로 아이를 키우겠다는 가치관을 내세우거나, 부모 스스로 가치관의 혼란을 겪어 우왕좌왕하기도 한다. 또 부모가 자신의 삶에만 너무 몰두하여 아이가 커나가는 데 길을 잡아줄 시간도 그럴 의지도 별로 없는 경우도 있다.

이런 아이들이 나름대로 세운 생존 전략은, 어떤 상황이 닥쳤을 때 내면화된 가치관과 기준에 의해 행동하는 것이 아니라, 각 상황이 무엇을 바라는지를 재빨리 파악해서 거기에 자신을 맞추는 것이다. 단일하고 경직된 기준을 세우기보다는 변화하는 환경에 발맞춰 융통성과 적응성을 얻는 것이다. 이런 경우 어떤 하나에 오래 매달리거나 한 가지 신념을 갖는 것은 살아남는 데 아무런 도움이 되지 않는 바보 같은 일이기 때문이다. 그렇기 때문에 다른 사람의 생각이나 행동에 예민해지게 되는 것이다.

4) 연극성 성격장애의 점진적 강화

이러한 발달 과정을 겪으면서 서서히 형성된 연극성 성격장애의 패턴은 꼬리에 꼬리를 물고 더욱 심해지는 자기영속과정self-perpetuating process을 겪게 된다. 이러한 악순환의 고리를 만드는 요인은 무엇일까?

(1) 자신이 아닌 외부에 더 중심을 두는 것

연극성 성격장애자들은 자신의 내면보다는 다른 사람이 나를 어떻게 보는가에만 관심을 집중시켜온 사람들이다. 이로

인해 이들은 스스로를 찬찬히 돌아보고 자신의 내면을 내실
있게 쌓음으로써 진정한 의미에서 다른 사람들에게 인정받을
수 있는 '자기'의 모습을 만들어가는 작업을 할 기회를 스스
로 차단시키고 있는 것이다.

순간순간 다른 사람들에게 인정받는 데 급급한 나머지 자
신의 내면은 점점 황폐하고 피폐해져 간다. 그러면 더욱 인정
을 받기가 어려워지고 자신감을 잃어 종국에는 다른 사람에게
더욱 예민해지고 노심초사하게 되는 결과를 초래하는 것이다.

(2) 억압과 부인 방어기제의 과도한 사용

앞에서 살펴보았듯이, 연극성 성격장애자들은 억압과 부인
방어기제를 가장 많이 그리고 지나치게 사용한다. 그렇지 않
아도 빈약한 자신의 내면세계인데 이를 들여다보지 않으려는
방어기제까지 갖추고 있기 때문에, 이들에게 스스로 '나는 가
치로운 사람이야'라는 느낌을 줄 수 있는 내적인 자원은 점점
더 없어지게 된다. 이렇게 되면 다른 사람에게 인정을 받으려
는 욕구는 더욱 커짐과 동시에 자신이 이렇게 형편없다는 것
을 다른 사람이 알게 되지 않을까 하는 두려움이 커지게 된다.

(3) 피상적인 대인관계

앞에서 말한 바와 같이 연극성 성격장애자들은 웬만한 관

심이나 칭찬에는 만족을 못하기 때문에, 웬만한 정도의 사건
이나 웬만한 수의 사람으로는 자신의 욕구를 제대로 충족시키
지 못한다. 시간이 조금만 지나면 주변에서 일어나는 일이나
사람들에 대해 쉽게 권태를 느끼고 지루해지기 때문에, 이들
은 끊임없이 새로운 즐거움을 추구하고 새로운 사람을 만나
새로운 관심과 애정을 받기를 원하게 된다. 그 결과 대인관계
는 변덕스러워지고 깊이 있게 발전하기 어려워진다.

　이처럼 관계가 피상적이다 보니 이들은 자신이 그렇게도
갈망하는 애정과 관심이 진실된 것이라는 확신을 느낄 수 없
게 된다. 그러면 더더욱 새로운 관심을 줄 수 있는 사람을 필
사적으로 찾게 되고, 이전 관계는 또 피상적인 수준에서만 머
물게 되는 악순환을 거듭하게 되는 것이다. ◆

연극성 성격장애를
어떻게 치료할 것인가

3

1. 정신역동적 심리치료

정신역동적 심리치료는 인간의 말, 행동, 상상 등에서 나타나는 무의식의 의미를 밝힘으로써 인간의 발달과 성장, 적응 문제 등을 해결하고 심리장애를 치료하는 방법이다. 정신역동적인 방법론을 통해 알기 어려운 무의식의 깊은 마음을 알고 또 그것을 우리 삶에 통합함으로써 삶의 폭을 더 확장하는 데 관심이 있다고 볼 수 있다. 그러므로 정신역동치료는 특정 증상을 제거하는 것만이 목표라기보다는 그 증상을 낳은 인간의 전체적인 마음을 대상으로 하는 치료 방법이라고 할 수 있다. 이 말은 정신역동치료가 증상을 제거하지 않는다는 말이 아니라, 증상이 우연히 나타난 것이 아니므로 증상이 나타난 근본적인 원인과 문제를 이해하고 해결하고자 한다는 뜻이다.

프로이트는, 심리장애는 인간이 지니고 있는 특정한 기본적인 요구나 동경이 좌절되고 무의식화되어 나타난 것이므로 우선 각자가 지닌 무의식적인 소망을 의식화하고, 그중에서 현실적인 방법으로 추구할 수 있는 것은 추구하고 포기할 것은 포기할 수 있게끔 하는, 즉 자유로운 선택을 할 수 있는 능력을 기를 수 있어야 한다고 주장하였다.

정신역동적 심리치료에서 가장 핵심이 되는 생각은 치료자와 내담자 사이의 치료관계가 수립되지 않고서는 올바른 치료과정이 일어나지 않는다는 것이다. 정신역동적 사고의 바탕에는 불행하고 잘못된 인간관계에 의해 생겨난 심리장애나 심리구조적 결핍은 다시금 좋은 인간관계를 통해서만 회복되고 치료될 수 있다는 생각이 깔려있다. 이는 어떤 치료적 기법보다도 치료관계 자체를 중시하는 것이다(Mentzos, 1982).

이러한 심리치료 관계는 특히 내담자의 무의식적인 전이나 치료자의 역전이에 의해 결정되는 면이 크다. 그래서 정신역동적 심리치료에서는 전이의 해석이 중요하다. 전이란 과거의 의미 있는 대상과의 관계에서 일어났던 무의식적 소망과 기대 혹은 좌절 등이 현재 여기의 대상가령, 치료자과의 관계에서 활성화되면서 반복되는 현상을 말한다(윤순임, 1995). 어린 시절에 중요한 대상과의 관계에서 체험한 감정, 환상, 방어, 관계에 대한 표상 등은 그대로 고정되는 것이 아니라 여러 사람과 만나면서 계속 수정되고 작업될 수 있다. 치료 장면에서 전이를 통하여 오래된 신경증적인 갈등이 재활성화되면 치료자는 이

를 관찰하는 동시에 내담자가 이를 의식적으로 체험할 수 있
도록 도움으로써 치료 효과를 가져올 수 있다.

한편, 역전이는 좁은 의미에서는 내담자의 전이에 대한 치
료자의 반응을 의미한다. 넓은 의미에서는 내담자에 대한 치
료자의 의식적 및 무의식적인 모든 정서적 반응을 가리키며,
특히 치료적 이해와 치료 과정을 방해하는 것을 가리킨다. 치
료 과정에서 분석가의 모든 감정이 전이와 연결될 수 있기 때
문에, 오늘날은 역전이를 보다 넓은 의미로 해석하는 추세다.

프로이트는 주로 역전이가 치료를 방해하는 것으로 생각했
지만, 오늘날은 역전이가 치료를 진척시키고 내담자를 이해하
는 중요한 도구로서 활용된다. 치료자가 내담자에 대해 느끼
는 감정은 그렇지 않으면 간과할 수 있는 내담자의 어떤 특수
한 측면에 주목할 수 있게 해주므로 내담자로부터 전해진 전
이 감정은 중요한 진단적 의미를 지니게 된다.

얼핏 생각하면 치료자의 감정은 치료자의 것이라고 생각할
수 있겠지만, 치료 장면에서는 내담자들이 자신에게 의미가
있는 특정한 감정을 치료자에게 야기하는 일이 많이 있다. 이
런 현상을 '투사적 동일시'라고 하며, 오늘날 많은 연구가 진
행되고 있다. 예를 들면, 성장해오면서 다른 사람들로부터 무
시당하지 않을까를 줄곧 걱정해온 내담자가 이상하게 다른 사
람이 자신을 무시하는 상황에 잘 빠져든다거나, 치료 상황에

서 치료자가 자신을 무시하고 싶은 감정을 갖도록 잘 만든다는 것이다.

이러한 역전이를 치료적으로 다룰 수 있기 위해서는 먼저 치료자가 자신의 문제가 치료에 영향을 미치지 않도록 훈련이 되어 있어야 한다. 자기 문제를 먼저 다루고 자신을 객관화하는 능력이 있어야만 자기 감정을 내담자의 감정과 구별할 수 있고, 자기 문제를 내담자에게 자신도 모르게 투사하지 않을 수 있을 것이다.

정식역동치료는 치료관계를 바탕으로 내담자들의 무의식적인 측면들을 의식화함으로써 내적인 변화를 가져오게 하는 치료 방법이라고 요약할 수 있다. 무의식을 의식화시키기 위해서 꿈의 해석, 자유연상, 저항 해석, 전이 해석 등 여러 방법이 개발되어 있다.

그러면 이러한 전제하에 정신역동치료가 연극성 성격장애자에게 적용될 때의 원칙과 기법을 살펴보자.

1) 일반적 심리치료 방략

앞에서 연극성 성격장애 또한 경계선 성격조직에 속한다고 설명하였다. 초기 진단에서 연극성 성격장애와 경계선 성격장애가 중복되는 경향이 많다는 연구결과는 이들 장애의 기저의 성격조직이 유사하기 때문이다. 개인의 성격장애별로 특정한 심리치료가 존재한다기보다는 대체로 성격장애 심리치료의 일반적인 방략이 적용된다고 할 수 있다. 성격조직 및 성격장애 치료와 관련해서 지속적으로 많은 연구를 해온 연구자는 오토 컨버그다. 그는 성격장애 치료의 일반적 방략을 제안한다(윤순임 외 공역, 2008).

그는 이러한 성격장애 내담자에게 지지적 심리치료를 하는 것은 실패할 위험이 높다고 경고한다. 지지적 심리치료는 내담자의 방어구조를 강화하고 원시적 전이 패러다임이 나타나는 것을 방지하고, 좀 더 적응적 생활을 하게끔 작업한다. 이런 접근은 일시적으로 치료적 교착상태를 피할 수는 있다. 그러나 이러한 내담자의 우세한 원시적 방어들이 치료동맹을 방해하게 된다. 최종적으로 종종 부정적 전이의 분열, 일상생활에서의 행동화, 치료시간에는 정서적 피상성으로 나타난다.

컨버그는 이런 내담자에게 표준적인 정신분석 절차보다는 수정내지 변형 기법을 사용할 수 있다고 제안한다. 그중 중요한 특징을 다음과 같이 정리할 수 있다.

① 지금 여기에서 부정적 전이를 체계적으로 정교화하되, 그 기초가 되는 발생기원을 완전히 재구성하지는 않는다. 성격장애 내담자가 주로 사용하는 분열기제로 인해

내담자가 지닌 부정적 자기상과 대상상이 전이에 영향을 미칠 것이다. 먼저 이런 전이 특성을 다루는 것이 효과적일 수 있다.

② 부정적 전이가 나타날 때 내담자가 사용하는 방어기제를 해석한다. 치료자를 평가절하는 경향, 자기에 대한 과대평가, 자기상과 대상상의 분열을 해석한다. 병리적 방어기제로 인해 자아가 약화되고, 현실검증력이 떨어질 때, 전이에서 그리고 내담자 생활 영역에서 이러한 방어기제가 나타나는 것에 초점을 둔다.

③ 치료 상황을 분명히 구조화해서 전이를 행동화하지 못하도록 한계를 정한다. 치료의 시간, 장소를 분명히 하고, 내담자의 공격성이 허용되는 정도의 한계를 단호히 정한다. 이러한 치료의 구조를 정하고 치료규칙을 정하는 것은 치료의 기초를 이루고 치료를 치료답게 하는 데 가장 중요하다.

④ 긍정적 전이는 치료동맹을 발전시키므로 굳이 해석하지 않는다. 치료동맹을 유지하는 것이 중요하며, 긍정적 전이를 보호하는 방어기제를 부분적으로 직면시킨다.

⑤ 내담자 지각의 왜곡이 분명히 드러나도록 체계적으로 해석한다. 내담자는 치료자의 개입을 왜곡하고, 치료시간에 자신의 지각을 왜곡한다. 가령, 지각한 시간, 약속

변경, 치료자가 한 말인지 아닌지 등에 대해 왜곡이 일어
날 수 있다. 이런 왜곡은 내담자의 방어기제, 대상관계
특성을 드러낼 것이다.

⑥ 심하게 왜곡된 전이를 우선적으로 훈습한다. 이는 정신
증적 특성을 지닐 수 있고, 환상 속의 내적 대상관계를
반영하는데, 초기의 자아 장애와 관련된다. 자아에 원시
적이고 비현실적인 자기상이 지속되어 매우 모순된 특
징을 보이며, 통합된 자기개념이 발달되지 않는다.

⑦ 내담자 적응을 방해하는 성적 갈등을 현실적으로 좀 더
적절하게 표현하도록 돕는다. 전성기기적 공격성과 성
기기적 요구가 병리적으로 응축됨으로써 성적 갈등이
형성된다. 전성기기적 공격성이란 자신을 받아주지 않
는 대상에 대한 강렬한 분노를 의미하며, 겉으로는 성적
인 양상을 띠지만 본질적으로는 유아적 의존욕구와 좌
절, 분노와 관련된 것이다.

2) 저항 해석

정신역동치료에서 내담자에 대해 어떤 해석을 하기 전에
먼저 저항을 다루는 것이 필요하다. 내담자의 마음 한 켠에는
자신의 심리내적 세계에 대해 알고 싶지 않은 것이 있다. 어떤

마음이 무의식화되었을 때는 그만한 이유가 있기 때문에, 그 이유가 드러나서 자신의 마음을 아는 데는 당연히 저항이 따르는 것이다.

내담자가 저항을 보일 때 치료자는 먼저 내담자가 왜, 무엇에, 어떻게 저항하는지를 이해해야 내담자의 감추어진 마음에 다가갈 수 있다. 이런 저항을 먼저 다루지 않고 섣불리 어떤 해석을 하는 것은 역효과를 가져오기 쉽다. 일반적으로 치료자는 조언을 해주는 것을 피해야 하며, 내담자 자신의 주도적인 힘을 끌어내야 한다. 치료자는 내담자가 방해받지 않고 자신의 이야기를 할 수 있도록 충분한 기회를 주고, 성급한 해석을 하지 말아야 한다.

내담자의 저항은 심리장애의 원인이 된 고통을 알고 싶지 않다는 태도로 나타난다. 이런 경우, 내담자에게 특정한 생각과 감정을 인정하지 않으려고 취하는 방어적 태도에 대한 이유를 해석해주는 것이 도움이 된다. 연극성 성격장애자들은 감정이 매우 풍부해 보이지만 대체로 피상적이고 얕으며 더 깊은 괴로운 감정에 대해 방어하므로, 이러한 방어에 대한 해석을 통해 깊은 감정 상태를 참아내는 능력을 증가시켜주어야 한다.

예를 들면, 매력적인 젊은 여성 연극성 성격장애 내담자가 갑자기 치료자에게 "이제 나에 대해서는 충분히 이야기했으

니까 선생님에 대해서도 좀 이야기해주세요"라고 할 때, 치료
자는 치료 상황을 유지시킬 책임이 있다. 이때 치료자는 내담
자가 치료자에 대해 알고 싶어 하는 소망을 갖는 것은 치료자
가 그녀의 진정한 모습을 알게 될까봐, 그리고 그녀 스스로 알
고 싶지 않은 자신의 모습을 알게 될까봐 두렵기 때문이라고
해석하는 것이 도움이 될 수 있다. 언제나 치료 상황을 지켜내
는 것이 중요하다.

때로 연극성 성격장애자는 치료자를 기쁘게 만드는 데에만
역점을 두어 자기 자신의 받아들이기 힘든 감정과 생각은 맞
닥뜨리지 않고 회피하려는 경우가 있다. 내담자 자신의 어려
운 경험들을 직면하지 않고, 치료자에 대해 알려고 하고, 치료
자와의 관계를 치료 주제로 삼게 되면 효과적으로 치료 작업
을 하기 어렵다. 이 경우에도 내담자 내부에 문제를 해결할 자
원이 있음을 깨닫도록 도와주는 것이 좋다.

3) 치료 관계

효과적인 치료를 하기 위해서는 내담자와 치료자의 관계에
서 치료적 역할을 수립하는 것이 가장 우선되는 과제다. 치료
자는 먼저 치료관계를 수립하고, 내담자에 관해 정보를 수집
하고, 수집한 정보를 바탕으로 얻은 유용한 해석을 해야 한다.

　연극성 성격장애자들은 강한 나르시스적 욕구를 지니고 있기 때문에, 다른 사람으로부터 자기 가치를 인정받고 감탄과 사랑을 보장받으려는 마음이 강하며, 작은 거절의 기미에도 매우 예민한 편이다. 연극성 성격은 자아의 통합성을 유지하기 위해서나 성정체성의 혼란으로 인한 불안을 감소시키기 위해서 항상 자기애적 만족을 필요로 한다. 이들은 누군가가 항상 이들이 괜찮고 사랑스러운 사람이라는 것을 인정해주어야만 겨우 마음의 안정을 찾을 수 있는 것이다.

　그러나 현실은 그렇지가 못하다. 연극성 성격장애자들은 치료자로부터 조금만이라도 인정받지 못하는 일이 생기거나 치료자와의 관계에 문제가 있다고 느끼면 불안과 좌절과 분노를 경험하게 되며 수치심과 죄책감을 느낀다. 또한 자기 가치에 대한 자신감이 줄어들고 자기 자신을 전체적으로 조망해서 제대로 통합시키기가 어렵다.

　연극성 성격장애자들은 종종 치료자를 전적인 만족을 주거나 아니면 전혀 만족을 주지 않는다고 지각하는 관계를 맺는다. 내담자는 치료자에게 이럴 수도 없고 저럴 수도 없는 요구를 하는 셈이다. 즉, 내담자는 치료자에게 '당신이 모든 것을 주지 않는다면 나는 치료를 끝낼 것이고, 당신이 모든 것을 내게 준다면 그것은 우리를 파괴할 것'이라고 말하고 있다.

　이제 치료자는 딜레마에 빠지게 된다. 치료자는 이러한 딜레마가 올 것이라는 것을 예상할 수 있으며, 이러한 딜레마가 일어날 때까지 그것에 대해 정서적으로 의미 있는 해석을 할 수 있어야 한다. 만약 치료자가 내담자의 요구를 만족시키려 한다면 내담자의 요구는 끝이 없을 것이다. 그렇다고 치료자가 비판적인 입장을 취하고 내담자의 특권을 거부한다면, 내담자는 박탈감과 거부감을 견뎌내지 못할 것이다.

치료자는 무조건 받아주거나 내담자에게 보복하지 않고 중립적이고 지속적인 치료 태도를 유지해야 한다. 치료자는 내담자에게 치료 과제를 상기시키고 내담자의 좌절감, 불안, 분노에 대해 초점을 맞추어야 한다. 내담자가 이런 감정들을 언어적으로 표현할 수 있다면 내담자의 무가치감, 전지전능과 무능에 대한 근본적인 환상 등을 해석할 수 있게 된다. 치료자는 내담자가 스스로 자기 자신의 행동을 살펴보고 이해함으로써 자신의 행동을 지연시킬 수 있고, 박탈감과 좌절을 인내할 수 있고, 더 나은 형태의 만족을 경험할 수 있도록 도와야 한다.

4) 전이 해석

아마도 연극성 성격장애 내담자의 치료에서 특징적으로 문제가 되는 것은 '성적인 전이'가 종종 일어난다는 것일 것이다. 이들에게서 나타나는 치료자에 대한 성적인 전이는 치료

관계에서 내담자가 치료자를 다정하게 느끼고 좋아하는 성적인 감정을 갖는 것이다.

히스테리성 성격의 내담자에게서는 성적인 전이가 점진적으로 발전하지만, 자신의 그런 열망이 스스로도 불편하게 느껴지고 스스로 이런 소망을 이루는 것이 부적절함을 알고 있다. 이런 경우 어느 정도 객관적으로 자신을 볼 수 있기 때문에 전이관계를 작업할 수 있고 치료도 효율적으로 진행될 수 있다.

연극성 성격장애자는 자아의 능력이 손상되어 있어서 자기 자신의 내부 현실과 외부 현실을 뚜렷하게 구분하지 못하기 때문에, 자신이 지닌 열망은 합리적이고 바람직하며 문제가 없다고 본다. 내담자들은 주관적으로는 치료자에 대한 자신의 감정이 불편하지도 않고 부적절하게 생각되지도 않는다.

연극성 성격장애 내담자들은 대부분 명백한 전이 양상을 보이기 때문에 구분하기가 쉬우며, 치료의 핵심은 전이를 어떻게 다루느냐에 있다. 만약 치료 초기에 전이를 잘못 다룬다면 치료는 난국에 빠질 것이다. 전이를 잘못 다루거나 치료적 동맹을 형성하지 못하는 것은 회복하기 어려운 영향을 미칠 수 있다.

연극성 성격장애자가 보이는 성적인 전이는 주의 깊게 다루면, 치료자가 전이관계를 통해서 내담자의 과거 관계를 생생하게 포착할 수 있기 때문에 유용하게 활용할 수 있다. 치료 상황 밖의 유사한 대인관계 상황에서 내담자가 어떤 기여를 하는지를 알 수 있고, 사랑과 성과 관련된 내담자의 문제를 탐색하고 이해할 수 있다. 가바드(Gabbard, 1994)는 히스테리 내담자의 성적인 전이 현상을 활용하기 위해 4가지 원칙을 제시한다.

첫째, 치료자는 자신의 역전이 감정을 검토해야 한다. 내담자의 성적인 전이에 대한 역전이 반응은 좁게는 치료자의 과거 관계의 재활성화로 볼 수 있고, 넓게는 내담자에 의해 특정 감정이 유발되는 것으로 볼 수 있다.

치료자가 가장 먼저 해야 할 일은 자신에게 생기는 감정이 어디에서 비롯된 것인지 평가하는 것이다. 치료자의 역전이 반응이 무엇으로부터 비롯되었는지 객관화하는 능력은 치료가 효과를 낳기 위해서 매우 중요한 요소다. 이런 능력은 치료자가 자기 자신의 심리적인 문제를 먼저 객관화하는 훈련을 받음으로써 형성되는 것이다. 이런 훈련을 소홀히 하면 자칫 치료자 자신의 문제를 내담자에게 투사하거나 치료자가 보고 싶은 문제만 보게 될 위험성이 있다.

둘째, 치료자는 성적인 전이가 심리치료적 작업을 통해 이해하고 해결해야 할 치료적 대상이자 도구임을 수용하고, 이를 내담자에게 이해시킨다. 즉, 내담자에게 치료자에 대한 성적인 감정 혹은 사랑의 감정은 치료 경험 속에서 있을 법한 일이며 충분히 받아들일 수 있는 일임을 알려주어야 한다.

내담자가 이런 성적인 소망을 채워달라고 계속 치료자에게 요구할 수 있다. 이때 치료자는 이런 내담자의 소망을 치료자가 채워주지 않았을 때 관계가 어떻게 되는지를 봄으로써 내담자가 가진 다른 대인관계 양상이 어떠한지 파악할 수 있다는 사실을 내담자에게 설명해주는 것이 좋다.

셋째, 전이관계는 치료 과정이 깊어지는 것을 방해하는 저항의 기능을 하므로, 전이의 복합적인 의미를 평가해야 한다. 성적인 전이는 뭔가가 기억되고 언어화되는 것이 아니라 '반복된다'는 점에서 저항이다. 이는 많은 복합적인 의미를 담고 있으므로 내담자의 연상, 꿈, 기억을 모두 고려하여 탐색해야 한다.

성적인 전이는 치료가 치료로서 기능하지 못하게끔 기능한다. 이런 전이는 치료자를 치료자로서보다는 이성으로 보고자 하는 것이고, 치료자의 능력을 평가절하 하는 것이 된다. 이런 전이는, 한편 치료자에 대한 시기심을 방어하려는 방법일 수도 있고, 치료의 종결을 부인하려는 노력일 수도 있으며, 치료자를 상처 입히고 당황하게 만들고 파괴하려는 소망의 표현일 수도 있다. 따라서 그 의미를 잘 파악해야 한다.

넷째, 과거의 특정 관계와 현재 전이관계 간의 연관성에 대

해 해석해주는 것이 전이 해석의 핵심이다. 이러한 해석은 내
담자가 이를 받아들일 만한 준비가 되어 있을 때 적절하게 이
루어져야 한다. 그렇지 않으면 내담자가 그냥 부인해버리거나
내면을 들키지 않기 위해서 치료에 더욱 저항하기 쉽다. 성적
인 전이는 과거의 특정 관계의 반복임을 지적하고, 내담자에
게 이 상황이 과거 어느 상황과 비슷한지를 물어보는 것이 한
가지 방법이 될 수 있다.

5) 히스테리적 사고 유형의 치료

연극성 성격장애자들은 흔히 감정이 풍부해 보인다. 그러
나 그것은 또한 거짓된 감정일 때가 많으며, 내면적으로 위협
적으로 느끼는 감정의 강도를 가로막는 기능을 부분적으로 한
다. 이들은 위협이 되는 어떤 감정들을 방어하기 위해 감정들
간의 인지적인 연관성을 억압하거나 해체시킨다.

샤피로(Shapiro, 1965)는 히스테리 내담자의 사고가 비교적
산만하고 모호하며, 예리함과 세밀함이 부족하고 한마디로 인
상주의적이라고 하였다.

연극성 성격장애 내담자들의 사고가 예리하지 못하고 사고
내용이 부족하다는 사실은 치료에 대한 함의를 지닌다. 이들
이 인간관계에서 무의식적으로 여전히 자신을 돌보아주는 어

머니-아이와 같은 관계를 수립하고자 하기 때문에 다른 사람에게 직관적이고 주로 비언어적이며, 전반적인 이해를 받고자 하는 무의식적 요구 내지 기대를 갖는 경향이 있다. 다시 말해서, 자기가 생각하고 느끼는 것을 상세히 설명하지 않아도 상대방이 알아서 이해해주리라는 기대를 갖는 것이다. 그래서 이들은 자신의 입장을 대충 설명해보다가 상대방이 빨리 알아채지 못하면 쉽사리 화를 내고 만다.

연극성 성격장애자들은 자신이 느끼는 감정을 다른 사람들도 알고 있다고 느끼고, 다른 사람들에게 자신이 이해받지 못하는 것을 알면 놀라는 것 같다. 연극성 성격장애자들은 만약 그들의 요구가 잘못 해석되거나 충족되지 않는다면, 그것은 상대방의 사랑이 부족해서이거나 자신을 거절하는 것이거나 적대적이기 때문이라고 느낀다.

예를 들어, 남편은 강박적이고 아내는 연극성 성격인 부부가 있다고 하자. 아내는 종종 남편이 자기 감정 상태를 너무 몰라주기 때문에 놀라고, 마치 자신이 무시당하고 공격받는 것처럼 느낀다. 강박증인 남편은 아내가 논리적으로 생각하는 자신의 사고를 이해하지 못하는 것에 대해 놀라는 일이 생길 수 있다.

연극성 성격은 생각을 분명하게 사고하지 않고 정서화하는 경향이 있기 때문에 생각하는 법을 가르쳐서 감정들 간의 인지적인 연관성을 재학습시킬 필요가 있다. 그러나 결국 이들이 방어하는 것은 '감추고 싶은' 감정이다. 따라서 치료자는 감정을 따로 떼어서 치료해야 하며, 내담자가 자신이 어떤 방어를 하고 있는지 이해하고 자신이 피한 생각들을 재경험하도록 도와야 한다.

연극성 성격장애의 치료에서, 치료자는 먼저 내담자들이 감정을 '느껴야 할 만큼' 충분히 느끼지 않는다는 것을 지적해야 한다. 또는 내담자들은 감정을 빨리 조기에 표현해버림으로써 감정이 충분히 드러나고 강해지는 것을 막는다. 이런 내담자의 경우, 내담자로 하여금 어떤 상황에 대해 더 잘 생각하게 학습하도록 돕는 것이 중요하다. 이렇게 함으로써 치료자는 먼저 내담자의 감정이 일종의 꾸민 감정임을 지적할 수 있다. 치료자는 먼저 내담자가 특정한 감정을 방어하고 있음을 지적해야 하며, 내담자로 하여금 자신이 어떤 감정을 느끼기가 매우 어렵고 문제가 있다는 것을 주목하게 해야 한다.

요약하면, 연극성 성격은 자신의 특징적인 심리기제인 방어와 사고 유형을 사용하여 자신에게 위협이 되는 감정을 방어한다. 치료자는 내담자가 자신의 지각 및 사고 유형을 바꾸기 전에 방어를 먼저 깨닫게 하고, 그들이 스스로 가로막은 감정들을 재경험하도록 도와야 한다.

치료의 첫 단계는 히스테리 내담자들이 보다 충분히 느끼도록 하는 것이며, 초기 해석도 이 방향으로 이루어져야 한다. 보통 내담자들은 제삼자가 돕지 않으면 자기의 사고 유형들을 의식하지 못한다. 또한 치료자는 치료가 가장 효과적이기 위해서는 '내담자의 인지 유형을 통해서' 내담자와 소통해야 한다는 것을 명심해야 한다. ◆

2. 인지행동치료

인지행동치료는 앞에서 설명한 인지행동 이론에 근거한 치료 방법이다. 인지행동치료는 그 사람의 사고와 신념이 감정과 행동을 결정한다는 기본 가정에 근거하고 있다. 따라서 부정적인 감정과 부적절하고 상황에 맞지 않는 부적응적인 행동은 그 사람의 사고와 신념이 왜곡되어 있기 때문에 초래된다고 본다. 인지행동치료는 이렇게 잘못된 사고와 신념을 바로잡음으로써 치료적 목표를 달성하고자 하는 치료 방법이다.

이를 위해서는 일단 그 사람이 가지고 있는 왜곡된 사고와 신념이 무엇인지를 파악해야 하고, 여러 가지 기법을 통해서 치료자와 내담자가 함께 협력하여 그 파악된 오류를 수정하거나 더 건설적이고 합리적인 것으로 대체해나가야 한다.

여기서는 연극성 성격장애자를 인지행동적으로 치료하는데 있어서 기본적으로 설정하게 되는 치료의 목표는 무엇인지, 연극성 성격을 감안할 때 치료자와 내담자가 관계를 어떻게 맺고, 치료시간 내에서 두 사람의 상호작용 방식은 어떠해야 하는지, 그리고 마지막으로 연극성 성격장애자의 여러 특성에 대해서는 어떤 구체적인 기법들을 동원할 수 있는지 살펴보기로 하자.

1) 치료의 목표

연극성 성격장애에 있어 인지행동치료의 기본적이고 장기적인 목표는 크게 2가지로 나누어볼 수 있다. 모든 장애에서와 마찬가지로 첫 번째는 연극성 성격장애자들의 잘못된 핵심 신념을 치료하고 더 나은 것으로 대체하거나 수정하는 것이다. 즉, '나는 못나고 가치 없는 존재이기 때문에 혼자서는 살아갈 수 없다' '모든 사람에게 항상 사랑받는 것이 필요하다'는 생각이 자신의 마음 깊은 곳에 내재되어 있었음을 자각하도록 일깨워주고 그것이 잘못된 것임을 깨닫게 하여 이를 좀 더 현실적이고 건설적인 것으로 대체하는 것이 가장 중요한 목표다.

두 번째 목표는, 연극성 성격장애자들이 삶을 살아나가는 데 있어서 '인지치료적'인 사고방식을 배우도록 하는 것이다. 앞에서 살펴본 바와 같이 연극성 성격장애자들은 상황을 파악

하고 생각을 정리하는 방식이 지나치게 두루뭉술하고 세부적
이지 못하며 자신의 인상이나 느낌에 근거하는 경우가 많다.
따라서 상황에 직면할 때 전반적이고 모호한 인상에 주의하기
보다는 좀 더 구체적이고 사실적인 정보를 수집하는 연습을
하고, 객관적인 증거를 바탕으로 상황을 해석하고 체계적으로
사고할 수 있는 습관을 들이는 방법을 가르쳐 이를 반복해서
실천하도록 하는 것이 인지행동치료의 두 번째 목표다.

2) 치료자와 내담자의 관계

(1) 치료자에 대한 환상 인식시키기

어떤 심리치료에서나 마찬가지겠지만, 심리치료를 처음 시
작할 때 연극성 성격장애자들은 치료자를 전지전능한 구원자
처럼 생각하고 자신의 문제를 다 해결해줄 것으로 기대하는
경향이 매우 높다. 자신이 힘든 점을 다 쏟아놓고 나면 치료자
가 무언가 정답과 해결책을 제시해줄 것이라는 막연한 기대를
가지고 스스로 이를 당연하다고 생각하는 것이다.

그러나 실제로 치료자가 내담자의 기대대로 어떤 '구원자'
의 역할을 하게 된다면, 이는 결국 내담자의 무기력감, 그리고
뿌리 깊게 자리 잡고 있는 핵심 신념인 '난 역시 혼자서는 안
된다'는 생각만 더욱 강화시켜주는 결과를 초래하게 된다. 더

욱 근본적으로는, 심리치료 자체가 그런 식으로 이루어지는 작업이 아닐 뿐더러 이는 가능하지도 않은 일이다. 심리치료는 치료자와 내담자가 협력하여 최종적인 문제해결을 향해 나아가는 하나의 과정이기 때문이다. 내담자가 치료에서 기대하는 바대로 들어주는 것은 내담자에게 결과적으로 악영향을 미치게 될 뿐 어떠한 도움도 되지 않는다.

한편, 치료자는 치료자대로 '내담자가 나에게 어떤 해결책을 제시해달라고 매달리고 있구나' 혹은 '나더러 해결책을 제시하도록 은근히 조종하고 있구나' 하는 느낌을 갖게 된다. 그러면 치료자 역시 자신도 모르게 마치 그래야 할 것 같은 부담을 느끼게 되고, 또 내담자가 자신을 조종한다는 생각에 화가 나거나 짜증스러워지기도 한다.

이런 경우 치료자는 내담자의 요구에 휘말려서는 안 되며, 한 걸음 물러서서 객관적으로 바라보면서 내담자의 요구를 적절하게 다루어주어야 한다. 즉, 치료자는 해결책을 제시해주는 사람이 아니고 또 그럴 수도 없으며, 최종적으로 내담자의 문제를 해결하기 위해서는 치료자와 내담자가 동등한 입장에서 서로 협력해나가야 한다는 사실을 잘 설명해주고 납득할 수 있도록 도와주어야 한다.

또한 이런 설명이 설득력을 갖기 어려운 경우가 많기 때문에, 치료시간 동안에 실제적으로 내담자가 주도적이고 능동적인 역할을 담당할 수 있도록 함으로써 내담자 스스로 그런 역할에서 즐거움과 재미를 느끼고 익숙해질 수 있도록 하는 것이 중요하다. 예를 들면, "방금 그 사람과의 힘든 점을 말씀하셨는데, 그렇다면 어떻게 하면 어색한 관계를 해결할 수 있을까요?"라는 식의 질문을 던질 수 있다.

내담자의 무조건적인 기대 때문에 치료자가 부담을 느끼고 짜증이 나는 것은 당연한 일이지만, 그런 치료자의 부정적인 감정이 치료에 악영향을 미치지 않도록 주의해야 한다. 치료자는 자신의 부정적인 감정이 유발된 이유를 탐색함으로써 이를 통해 내담자의 문제를 파악해낼 수도 있으며, 경우에 따라서는 특히 치료자와 내담자 간에 신뢰로운 관계가 잘 형성되어 있을 때 자신의 감정을 내담자에게 얘기해줌으로써 내담자의 잘못된 기대를 바로잡아주는 기회로 삼을 수도 있다. 그러한 작업이 여의치 않다고 판단되면 치료자는 자신의 부정적인 감정을 스스로 해소할 수 있어야 한다.

(2) 바람직한 행동 강화시키기

치료시간 내내 치료자가 늘 염두에 두어야 할 중요한 행동 방략은, 이제까지 내담자가 살아왔던 부정적인 방식의 행동을 치료시간에 보일 때는 이를 어떤 방식으로든 강화하지 말고, 내담자가 가끔이라도 좀 더 적응적이고 바람직한 행동을 보이면 이때를 놓치지 말고 칭찬해주는 등의 행동을 통해 자꾸 바람직한 행동을 강화시켜주어야 한다는 것이다. 연극성 성격장애자들이 타인의 칭찬과 인정에 예민하다는 점을 역으로 이용하는 것이다.

내담자가 보이는 여러 인지적 오류, 정서의 극단성, 연극적인 행동들은 모두 내담자의 인생 전체를 놓고 보면 내담자 나름대로의 생존 전략이다. 이제까지 살아오면서 그런 삶의 방식이 자신의 생존에 필요하고 도움이 되는 것이라는 신념물론 결과적으로는 더 부적응을 초래하는 것이긴 하지만이 강화되어 왔기 때문에 그런 행동과 성격 특성들이 지속되고 더 공고해졌다는 것이다.

치료자는 내담자가 보이는 모습의 이러한 의미를 늘 염두에 두고, 이를 더 이상은 강화해주지 않도록, 그리고 더 나은 행동과 성격 특성을 보일 때 이를 강화해주도록 늘 신경을 써야 한다.

연극성 성격장애자들은 대체로 외모나 행동이 매력적인 경우가 많다. 치료자에게 있어 내담자가 극적으로 자신의 얘기를 늘어놓는 것이 처음에는 재미있고 흥미로운 경우가 많다. 따라서 치료자도 내담자의 이런 행동 때문에 즐거워져 자신도 모르게, 마치 내담자의 생활 속에서 다른 사람들이 그러하듯이 내담자의 이러한 패턴을 강화해주게 되는 결과를 낳을 수도 있다.

이를 방지하기 위해서 치료자는 늘 자신과 내담자와의 관계를 한 걸음 물러서서 거리를 두고 객관적으로 바라볼 수 있어야 하고, 이를 통해 내담자의 행동의 부정적 의미를 파악하고 자신의 감정을 관리할 수 있어야 한다.

(3) 특별대우를 요구할 때를 치료 기회로 삼는다

연극성 성격장애자들은 치료자에게 치료 비용을 깎아달라고 하거나, 자신을 위해 치료시간을 변경해줄 것을 요구하는 등 자신만은 특별대우를 받기를 원하는 경우가 많다. 이러한 부당한 요구를 합리적인 이유로 들어주지 않는 것도 이들에게는 자신을 거부하는 것으로 받아들여지게 된다. 따라서 연극성 성격장애자들은 자신이 어떤 요구를 했다고 해서 그것이 다 이루어지는 것이 아니고, 치료자가 비용이나 시간 등의 규칙을 설정해두는 것이 자신을 거부한다는 표시가 아님을 배우는 경험을 하는 것이 중요하다. 그것이 결국에는 치료에 도움이 되는 것이다.

이를 위해서, 치료자는 치료에 명확한 한계를 정해두고 이를 실행하는 데 단호해야 하며, '우리가 약속한 것을 지키려고 하는 것은 결과적으로 당신에게 도움이 되게 하기 위한 것이지, 당신을 거부하거나 싫어해서가 아니다'라는 메시지를 암

묵적으로든 말을 통해서든 전달해주어야 한다. 다른 한편으로는 규칙이나 약속을 위반하지 않는 범위에서, 내담자가 자연스럽게 자기주장적으로 요구하는 것에 대해서는 오히려 강화해주고 칭찬해주는 것이 필요할 때도 있다.

3) 구체적인 치료 지침

(1) 구체적인 치료 목표를 함께 논의하기

이 작업은 사실상 연극성 성격장애자를 치료하는 데 매우 결정적인 단계다. 이 단계에서의 작업을 이루어내는 것이 연극성 성격장애자에게는 무척 어렵겠지만 그만큼 중요하다. 여기서 부딪치게 될 가장 큰 문제 중 하나는 이들이 치료에 흥미를 잃고 그만두어버리는 경향이 있다는 것이다. 이들은 치료가 금방 지루해지고, 또 자신이 원하는 대로 치료시간이 진행되지도 않고 치료자도 자신이 원하는 것을 다른 사람들처럼 주지 않기 때문에, 치료 효과가 나타나지 않았는데도 쉽게 치료를 중단해버린다.

치료 목표를 정하는 단계가 중요한 이유는, 이러한 특성을 가진 연극성 성격장애자를 치료에 계속 나오도록 하는 열쇠가 되기 때문이기도 하다. 따라서 내담자 자신에게 절실한 의미로 다가오고, 스스로 시급하다고 생각되고, 장기적이고 원론적인 것뿐 아니라 단기적이고 구체적인 이익도 가져다줄 것으로 생각되는 목표를 설정하는 것이 가장 중요하다.

장기적인 목표뿐 아니라 아주 쉽고 구체적이고 단기적인 목표를 세워 연극성 성격장애자들이 그 목표를 달성하는 데 관여하고 작은 목표 달성의 기쁨을 맛볼 수 있도록 해주어야 한다. 예를 들어, 주요 목표인 부정적인 핵심 신념을 교정하기뿐만 아니라 최근에 갈등을 겪고 있는 직장상사와의 관계를 지혜롭게 해결하기, 더 나아가서는 먼저 말 걸어보기 등의 목표를 세울 수도 있다.

이들에게 목표를 생각해보라고 하면 듣기에는 아주 '훌륭하고' 그럴듯하게 들리는 목표를 늘어놓는 경우가 많다. 이들은 치료자가 자신에게 기대할 것이라고 나름대로 생각하는 그런 이미지에 맞는 두루뭉술하고 모호한 목표를 설정하는 경향이 있다. 예를 들면, "더 기분이 좋아지고요" "더 행복하게 살게 되기를" "더 좋은 아내이자 어머니가 되기를" 등이다.

그러나 목표는 아주 구체적인 언어로 설정되어야 하고 또 내담자에게 정말로 중요하게 느껴져야 한다. 스스로 이런 목표를 '원해야 한다'고 생각하는 것이어서는 안 된다. 이를 위해 치료자는 다음과 같은 탐색적인 질문들을 던질 수 있다.

• 무엇을 보고 당신이 '목표를 성취했구나' 하고 알 수 있

을까요?

- 목표를 성취했다면, 당신에게 다르게 보이는 것은 무엇일까요? 무엇이 다르게 느껴질까요? 또 어떤 방식으로 다를까요? 이를 정확하게 말씀해보시겠어요?
- 왜 당신은 그 목표를 달성하고 싶습니까?

(2) 치료시간의 작업 활동 함께 논의하기

연극성 성격장애자들이 처음에 치료시간에 와서 가장 하고 싶어 하는 일은 대개 지난 한 주 동안 있었던, 혹은 과거 어느 때인가 있었던 자신의 일상생활 또는 소소한 갈등들에 대해서 드라마틱하게 얘기하고, 치료자가 이를 관심을 가지고 잘 들어주고 맞장구쳐주고 자기편이 되어주는 경험을 하는 것이다.

물론 내담자가 어느 정도 쌓인 감정을 분출하고 치료자에게 이해받는다는 느낌을 받음으로써 치료자와 내담자 간에 신뢰를 쌓는 작업은 매우 중요하고도 필요한 일이다. 그러나 연극성 성격장애자들의 애정과 관심에 관한 욕구는 앞에서 살펴본 대로 끝이 없기 때문에 내담자가 원하는 만큼 다 들어주다 보면 그야말로 끝이 없게 된다.

또한 이들은 치료를 마치고 돌아가면서 나름대로 자신이 무슨 얘기를 많이 한 것 같은데 별로 남는 게 없는 것 같은 허무감을 느끼게 되고 이들이 다른 대인관계에서 그렇게 느끼듯이 자신이 전혀 나아지거나 치료되지 않고 있는 것 같은 불만을 갖게 되기 쉽다. 이것들은 연극성 성격장애의 전형적인 모습이다.

그렇기 때문에 무엇보다 가장 중요한 것은, 치료시간 동안 이들이 하고 싶어 하는 말을 몽땅 들어주는 것은 그 사람의 부정적인 성격 특성을 그대로 받아주는 셈이 되고, 이러한 모습에 대해 관심과 애정이라는 강화물을 제공하는 결과를 낳게 된다는 것이다. 또한 인지행동치료는 어떤 사람을 치료할 것인가에 따라 다르긴 하지만, 기본적으로 단기약 10~15회기 혹은 중기1년 미만적인 치료를 목표로 하고 그 이후는 내담자 스스로 자신을 돌보고 자신의 문제를 해결해나갈 수 있도록 마음의 힘과 기술을 갖게 하고자 하기 때문에 아까운 치료시간을 낭비할 수가 없다.

하지만 치료자가 늘 먼저 정해두었던 목표만을 생각하고 이에 맞추어 나아가려고만 한다면, 내담자는 자신이 이해받지 못한다는 생각에 화가 나고 좌절감을 느끼게 될 수 있다. 실제로 지난 한 주간에 내담자에게 매우 중요한 어떤 일이 일어났을지도 모르는 일이다.

가장 지혜로운 방법은 내담자와 치료자가 함께 의논하여 치료시간 중 일정한 분량예: 치료 1시간 중 전반 20분 동안은 지난 시간에 있었던 일이나 다른 하고 싶은 이야기를 하기로 정하고, 나머지 시간 동안에는 계속 진행해오던 치료 목표를 향한 작업을 하기로 합의하는 것이다. 이렇게 함께 의논하는 것이 중요한 것은, 그렇게 하기로 한 약속이 치료자의 지시에 의한 것이 아니라 내담자 스스로 결정을 내리고 선택한 결과라는 생각과 통제감을 갖도록 하고, 이 약속을 지켜야 할 책임감을 더욱 강하게 할 수 있기 때문이다.

하지만 이렇게 약속을 해놓고도 연극성 성격장애자들은 자신의 얘기를 계속 들어주기를 원하거나 약속된 시간이 지나 다음 작업을 진행하려 할 때 시무룩해지고 참여하지 않으려고 하는 경우가 실제로 많다. 이것이 그들이 '이제까지 살아온' 방식이기 때문이다.

내담자가 논점에서 벗어날 때마다 치료자는 친절하고 따뜻한 어조로, "자, 지금 당신이 하는 얘기는 매우 흥미롭긴 하지만 우리가 논의하기로 합의한 목표와 어떻게 관련이 되지요?"라고 일관되게 계속해서 질문을 던져줌으로써 스스로 중심을 찾도록 도와줄 수 있다.

또 한 가지 방법은, 내담자로 하여금 지금 자신의 행동에 대해서 인식하고 깨닫도록 해준 다음, 그런 행동이 궁극적으로 내담자에게 어떤 도움을 주고 어떤 손해를 입힐 것인지를 구체적인 목록으로 함께 작성해보는 것이다. 그럼으로써 내담자는 자신의 행동의 의미를 깨닫고 좀 더 적응적인 방향으로 나아가야겠다는 동기를 얻게 된다.

4) 기본적인 치료 기법

(1) 역기능적 자동적 사고기록지

〈역기능적 자동적 사고기록지〉란 자신에게 어떤 감정이 들 때, 그때 무슨 일이 일어났는지, 그 일에 대해 그런 감정을 느낀 것은 그 일을 어떻게 받아들이고 해석했기 때문인지, 그 일이 일어났을 때 자신의 머리를 스치고 지나가 지금 이 감정을 갖게 한 생각, 즉 자동적 사고는 무엇이었는지, 그리고 그 자동적 사고가 과연 합리적인 것인지, 합리적이지 않다면 다른 대안적인 합리적인 자동적 사고는 무엇인지, 자신의 자동적 사고를 비합리적인 이전의 것에서 합리적인 것으로 바꾸면 자신이 처음에 느낀 감정의 내용이나 정도가 어떻게 변화하는지를 스스로 확인하여 아주 구체적으로 적어보는 자기보고 기록지다. 또한 그 내용뿐 아니라 감정의 정도, 자동적 사고가 합리적이라고 생각하는 정도 등을 1점전혀 아니다에서 100점전적으로 그렇다까지 스스로 매겨보도록 한다.

예를 들어, A양은 어제 저녁 무렵에 화가 나게 되었는데 그 정도는 약 70점이었고, 그때 있었던 일은 직장 동료가 자신에게 인사를 하지 않고 지나갔다는 것이었다. A양이 화가 나게 된 것은 그 사건을 '저 사람이 나를 무시한다'라고 자동적으로 해석했기 때문이었다. 하지만 곰곰이 생각해본 결과 A양은 그

◆ 역기능적 자동적 사고기록지

당신이 불쾌한 감정을 경험했을 때, 그 감정을 유발한 상황을 기록하십시오. (만약 당신이 어떤 생각이나 상상을 하고 있을 때 그러한 불쾌한 감정이 경험되었다면 그 내용을 적으십시오.) 그러고 나서 그 감정과 연관된 자동적 사고를 기록하십시오.

그 사고 내용을 확신하는 정도에 따라 0~100의 숫자(0=전혀 확신이 없다, 100=절대 확신한다)로 평정하십시오. 감정의 강도도 1~100의 숫자(1=매우 미미함, 100=매우 강함)로 평정하십시오.

일시	상 황	감 정	자동적 사고	합리적 반응	결 과
	불쾌한 감정을 유발한 실제 사건, 상상, 기억 내용을 기록	불쾌한 감정을 구체적으로 기록. 감정의 강도를 0~100의 숫자로 평가	감정에 선행한 자동적 사고의 기록. 사고의 확신 정도를 0~100의 숫자로 평가	자동적 사고에 대한 합리적 반응과 그 확신 정도를 0~100의 숫자로 평가	자동적 사고의 확신 정도와 결과적 감정 강도를 0~100의 숫자로 평가

생각이 사실일 수도 있지만, 약 40점 정도는 비합리적일 수 있다고 판단하였다. 그래서 좀 더 나은 대안적 사고로서 '저 사람이 무슨 생각에 빠져서 나를 못 보고 지나갔다' '저 사람이 설령 나를 무시했다 해도 영원히 나를 무시할 것도 아니고, 저 사람이 나의 인생에서 그렇게 중요한 사람도 아니다' '저 사람은 원래 인사를 잘 안 하는 무뚝뚝한 사람이다'라는 생각들을 찾아냈다. 그리고 이들이 약 80점 정도로 합리적이라고 판단을 내렸다. 그렇게 하고 났어도 화가 나는 감정이 완전히 줄어들지는 않았지만, 70점에서 약 40점 정도가 되어 마음이 더 편안해졌다.

이러한 〈역기능적 자동적 사고기록지〉를 통해서 기분이 더 나아질 수도 있고, 현실적이고 객관적으로 사고하는 법을 배울 수도 있다. 더 중요한 것은, 자신이 상황에서 자주 떠올리게 되는 자동적 사고가 무엇인지에 대해서도 깨닫게 될 수 있으며, 자신의 인상이나 느낌에 근거한 모호한 방식이 아니라 구체적이고 세부적으로 사고하는 법을 배울 수도 있다는 점이다.

연극성 성격장애자들은 이런 식으로 생각해본 경험이 별로 없기 때문에 〈역기능적 자동적 사고기록지〉의 의의나 기록하는 방법을 잘 깨닫지 못하는 경우가 많다. 그렇기 때문에 반복해서 설명해주고 인내심을 갖고 지도해주어야 한다.

연극성 성격장애자들에게 집으로 돌아가서 지난 한 주간의 〈역기능적 자동적 사고기록지〉를 기록해오도록 하면, 대개 처음에는 일주일 동안 자신에게 있었던 일을 그냥 줄줄이 써오는 경우가 많다. 이때는 일단 무언가를 기록해오려고 했다는 노력에 대해서는 칭찬과 보상을 주어야 하고, 다시 한 번 〈역기능적 자동적 사고기록지〉의 의미를 인식시켜주어야 한다.

'이것을 읽고 치료자가 나를 더 잘 이해하고 더 잘 도울 수 있겠지'라는 희망을 가지고 어떤 글을 계속 써오고 싶어 한다면, 그리고 내담자 스스로 자신의 모든 생각과 감정을 치료자에게 전달해야겠다는 필요를 강하게 느낀다면, 원하는 내용의 긴 글을 써오도록 허용하되, 〈역기능적 자동적 사고기록지〉도 반드시 함께 작성해오도록 해야 한다.

(2) 행동실험

처음에는 어떤 대안적 사고를 찾는다는 것이 매우 힘든 일일 수 있다. 설령 대안적 사고를 머리로는 안다고 하더라도 감정이 쉽게 풀리지 않는 경우가 많다. 이는 자신의 자동적 사고가 정말 잘못된 것이었다는 깨달음을 심정적으로 깊이 느끼지 못했기 때문인 경우가 대부분이다. 이때는 실제로 상황에 부딪쳐서 자신의 생각의 오류를 직접 검증하고 확인하는 작업이 매우 도움이 된다. 이를 행동실험이라고 한다. 즉, 행동실험이란 자신의 부적응적인 자동적 사고와 관련된 상황 속에서 실제로 어떤 행동적인 시도를 하는 '실험'을 함으로써 자동적 사고가 잘못된 것이었음을 검증하는 것이다. 앞서의 A양의 경우를 생각해보자.

A양은 직장 동료가 정말 자신을 무시한 것이었는지 아닌지를 검증해보기 위해서, 직장 동료가 잘 알고 있는 프로그램과 관련하여 물어보러 가야겠다는 행동실험을 해보기로 계획하였다. 자기가 물어보는 것에 대해서 직장 동료가 어떤 반응을 보이는지를 관찰함으로써 자신의 생각이 어떠했는지를 확인하자는 것이었다. 그 결과 그 동료는 다소 무뚝뚝한 태도이기는 했지만 자신이 아는 바를 자세하게 모두 설명해주었다. 이로써 A양은 그 사람이 자신을 무시하고자 한 것은 아니었음을 확인하게 되었고 기분도 더욱 나아지게 되었다.

이러한 행동실험은 내담자 스스로 도전해볼 만한 실험이라고 생각되는 정도로 치료자와 내담자가 협의하여 구체적이고 체계적인 방식으로 설계하는 것이 바람직하다. ◆

3. 문제 영역에 따른 치료 방법

이 장에서는 앞에서 다룬 인지행동치료를 적용하여 각각의 문제 영역에 따른 치료 방법을 다룬다.

1) 인상에 의존하는 두루뭉술한 사고방식

연극성 성격장애자들과 심리치료적 작업을 시작하면서 처음부터 부딪치게 되는 문제 중 하나는 이들이 자신의 느낌과 인상에 따라 생각하고 상황을 판단하는 사고방식이다. 이는 치료자로 하여금 내담자가 겪고 있는 문제가 정말 어떤 것인지, 그 상황이 구체적으로 어떤 것이었는지를 잘 파악할 수 없게 만들고, 내담자는 내담자대로 치료자가 자신을 이해하지 못한다는 느낌을 갖게 만들 수도 있다. 따라서 치료하는 과정 전체 동안 이 부분에 대한 치료적 개입이 지속적으로 이루어지는 것이 좋다. 이 부분이 치료된다는 것은 내담자가 삶을 살아가는 데 있어서 가장 중요한 부분 중 하나를 적응적으로 고쳐나가는 것을 의미하기 때문이다. 이 중 가장 좋은 방법은 앞에서 다룬 〈역기능적 자동적 사고기록지〉를 써보도록 하는 것이다.

둘째, 치료자는 자동적 사고가 되고 내담자는 합리적 사고가 되어 논쟁을 해보자. 이것은 치료자와 내담자가 함께 일종의 역할연기를 통해 대화를 나누어보는 것이다. 즉, 치료자는 내담자 마음속에 있는 비합리적인 자동적 사고라는 역할을 맡고, 내담자는 이보다 더 합리적인 대안적 사고의 역할을 맡아서 함께 논쟁을 벌여보는 것이다. 내담자는 합리적인 사고를 주장하고 자신의 자동적 사고를 논박하는 역할을 하기 위해서는 자동적 사고의 허점을 스스로 파악해야 하고 합리적 사고의 적절성에 대해 긍정적으로 고려해야 하기 때문에, 이 기법은 내담자의 자동적 사고를 합리적 사고로 대체하는 데 좋은 기법이 된다.

셋째, 방법-결과를 연결 짓는 사고방식을 가르친다. 연극성 성격장애자들은 논리적이고 체계적으로 문제를 해결하는 방법을 잘 알지 못한다. 이를 가르치는 효과적인 방법이 방법-결과로 생각하기다. 먼저 어떠한 문제를 해결하는 데 있어서 여러 가지 가능한 해결책을 내담자와 치료자가 함께 생각해낸다 방법. 그다음에는 그 해결책들 각각이 어떠한 결과를 가져올 것으로 생각되는지를 정확하고 객관적으로 평가하도록_{결과} 가르친다. 이러한 기법은 연극성 성격장애자들이 문제를 건설적으로 해결하는 데 도움이 된다.

넷째, 이들이 인상에 주로 의존하는 것을 치료에 이용한다. 연극성 성격장애자는 언어적으로 정리된 사고보다는 머릿속에 떠오르는 이미지나 장면의 형태를 띤 사고를 더 잘하는 경향이 있는데, 이를 장점으로 살려서 치료에 이용할 수 있다. 즉, 자동적 사고를 하나의 문장이나 정리된 생각으로 표현하기 힘들어 한다면 지금 머릿속에 떠오르는 장면이 어떠한지, 바라는 장면은 무엇인지, 현재 자신이 처한 장면이 어떻게 변화되었으면 좋겠는지를 구체적으로 상상해보고, 그 장면을 좀 더 합리적인 장면으로 대체하는 작업도 때로 도움이 된다.

2) 충동성과 변덕성

연극성 성격장애자들의 충동성과 변덕스러움은 강렬하고 불안정한 정서 경험을 가져오므로 고쳐나가야 할 부분이다. 이때는 이들에게 〈역기능적 자동적 사고기록지〉를 기록하게 하는 것 자체가 도움이 될 수 있다.

자신의 사고를 스스로 감시하기 시작하면, 즉 어떤 정서 경

험을 하거나 그에 따라 즉각적이고 충동적인 반응을 보이기
전에 자신이 지금 무슨 생각으로 인해 이러한 충동이 드는가
를 생각하는 연습을 하게 되면, 일단 그런 충동적 반응은 한걸
음 멈칫해지게 된다. 그럼으로써 점차 스스로를 통제하고 건
설적인 방식의 반응을 보이는 것이 가능해지게 된다.

3) 대인관계에서 남을 조종하려는 행동

먼저 치료자는 연극성 성격장애자들이 치료시간에 얘기하
는 대인관계 갈등 양상이나, 치료자와의 관계에서 내담자들이
보이는 행동을 통해서 이들이 대인관계에서 반복적으로 보이
는 부정적인 행동 패턴이 무엇인지를 잘 파악해내야 한다. 특
히 연극성 성격장애자들이 가장 많이 보이는 대인관계 행동
특성 중의 하나가 다른 사람을 조종하여 최종적으로 자기가
원하는 바를 얻어내고자 한다는 점인데, 이러한 조종행동
manipulative behavior이 어떤 양상으로 나타나는지를 잘 살펴보아
야 한다. 이러한 조종행동은 상대방을 피곤하게 하고 때로 어
리둥절하게 만들기도 하며 진실하고 장기적인 대인관계를 맺
는 데 방해요인이 되기 때문이다.

이를 바로잡기 위해서는 치료자는 내담자에게 그러한 행동
이면에 내담자 자신이 원하는 것을 얻기 위해 부지불식간에

혹은 의식적으로 남을 조종하고자 하는 어떤 의도가 있었음을 깨닫고 인식하게 해주는 것이 중요하다. 이것을 인식하고 난 다음에는, 궁극적으로 자신이 정말로 원하는 것을 얻기 위해서 어떻게 행동하는 것이 더 건설적이고 유익한 방법인지를 깨닫도록 해준다.

예를 들어, 내담자가 '지금 감정이 아주 격렬하게 일어나는구나. 그리고 이 감정을 아주 드라마틱하게 표현하고 있어' 하는 사실을 자각하게 되었을 때, 그러한 감정반응과 표현이 결국은 '내가 무엇을 얻기 위해' 하는 것인지를 곰곰이 생각해 보는 것이다. 남편이 연락도 없이 늦게 들어온 데 대해 화를 내며 심한 신경질을 부리는 연극성 성격장애를 지닌 아내의 경우, 남편에게 화가 나는 대로 바로 반응하기 전에 이 상황에서 자신이 원하는 것이 무엇인지를 스스로 질문해보도록 한다. 아마도 자신이 진정 원하는 것은 남편의 사과와 자신에 대한 사랑의 확인일 것이다. 그러한 목표를 얻기 위해서 '신경질 부리기' 대신에 다른 건설적인 대안이 있는지를 탐색해볼 수 있다.

4) 합리적인 자기주장 훈련

연극성 성격장애자들은 어떻게 하면 관심과 사랑을 받을까

에만 신경을 쓰다 보니 정말 자기가 원하는 것이 무엇인지를 살펴볼 여력이 없다. 또 거절당하는 것이 두려워 주장적이고 직선적인 방식으로 의사표시를 하지 못하고 남을 조종하는 기술만 늘어서 결국 진실한 의사소통을 하지 못하게 된 것이다. 적절하게 자기를 주장함으로써 자신이 원하는 바를 다른 사람들에게 정확하게 전달할 수 있고, 그것이 반드시 다른 사람들의 거부를 불러일으키는 것은 아니며 오히려 자신에게 도움이 됨을 깨닫도록 하는 것이 중요하다. 이를 위해서는 실제로 작은 자기주장을 하는 행동실험을 계획할 수도 있고, 자기주장하는 연습을 치료 회기 동안 치료자와 함께 수행해보는 역할 연기를 할 수도 있다.

5) 거부에 대한 두려움

연극성 성격장애자들의 많은 행동은 다른 사람들에게 거부당하는 것이 두렵고 그 관계를 잃지 않으려는 동기에서 비롯된다. 이처럼 '다른 사람과의 관계가 깨진다는 것은 너무나 끔찍한 일이다'라는 이들의 깊이 뿌리박힌 신념에 도전하는 작업이 필요하다.

이를 위해서는 일단 그 사람과의 관계가 끝나면 어떤 일이 벌어질 것 같은지를 구체적으로 상상해보고 또 필요하다면 적어보고, 그 사람과의 대인관계가 시작되기 전에, 즉 이 관계가 나에게 없을 때에는 내가 어떻게 살아왔었는지를 회상해보도록 하는 것이 도움이 된다. 좀 더 효과적인 방법은 아주 작은 거절을 경험해볼 수 있는 행동실험을 하는 것이다. 실제로 거절을 당해봄으로써 그것이 그렇게 끔찍한 일은 아님을 직접 느껴보는 것이다.

(1) '나는 혼자서는 살아갈 능력이 없어'라는 신념

치료가 목표한 대로 어느 정도 진행되어가다 보면 내담자는 실제로 일상생활에서 행동하고 대처하는 능력이 점차 향상된다. 이 사실 자체는 내담자에게 자기 스스로 무엇이든 해낼 수 있다는 자기효능감을 증가시키고, 자신에게 어떤 능력과 잠재력이 있음을 느낄 수 있게 해준다. 따라서 치료가 진행되는 것, 효과가 조금씩 나타나는 것 자체만으로도 '나는 못났기 때문에 혼자서는 충분치가 않고 다른 사람에게 의지해야만 살아나갈 수 있다'는 이들의 핵심 신념은 어느 정도 흔들릴 수가 있게 된다.

하지만 연극성 성격장애자들은 원래 논리적인 생각을 잘 못하기 때문에 자신이 일상생활 속에서 작지만 어떤 성취를 이루고 있다는 사실과, 그것이 자신이 능력과 잠재력을 가진 존재임을 의미한다는 것 간에 연결을 잘 시키지 못하는 경우가 많다. 따라서 치료자는 이러한 연결 관계를 자꾸 일깨워주고 주지시켜줌으로써 이들의 뿌리 깊고 바위처럼 단단한 '나는 못났다'는 핵심 신념에 지속적인 물방울을 떨어뜨려줄 수 있어야 한다. 특히 이 부분은 그야말로 핵심 신념이기 때문에 바꾸거나 치료하기 가장 어려우며, 지속적이고 반복적인 노력이 필요하다.

(2) 나는 '감정이 풍부한 사람'이고 싶은데 왜 고쳐야 하지?

연극성 성격장애자들은 자신이 보다 합리적인 사람이 되면 지나치게 건조하고 감정이 메마른 사람이 되는 게 아닌가 싶어 오히려 이를 두려워하기도 한다. 즉, 삶에서의 모든 즐거움이나 기쁨을 잊어버리고 단조롭고 둔한 사람이 될 것이라는 생각을 하게 되는 것이다.

실제로 이들의 감정의 풍부함은 그 정도만 잘 조절된다면 이들을 생동감 있고 활달하고 즐겁고 재미있게 만들어주는 좋은 장점이 될 수 있다. 그러므로 치료의 목표가 이들의 풍부한 감정을 없애자는 것이 아니라, 이러한 감정이 상황에 맞게 정도와 방식을 잘 조절하고 건설적이고 좋은 방식으로 표현되도록 하자는 것임을 자꾸 일깨워주어야 한다. 그리고 치료자는 이들의 정서성이 장점으로 표출될 수 있도록 도와주어야 한다.

6) 집단치료

연극성 성격장애자는 다른 사람의 관심과 애정을 받고자 하므로 집단 인지행동치료를 하는 것이 효과적인 경우가 많다. 집단치료는 비슷한 문제를 가진 사람들 혹은 비슷한 목표를 가진 사람들물론 그렇지 않은 경우도 많지만끼리 모여서 치료자와 함께 자신의 문제를 집단 내에서 해결하고자 하는 치료로서, 치료자뿐 아니라 같은 집단 성원들로부터도 여러 도움을 받게 된다.

물론 처음에는 연극성 성격장애자들이 집단 내에서 관심을 독차지하고 자기 마음대로 하려는 성향 때문에 집단 전체가 힘들어질 수도 있고, 다른 집단 성원에게 관심이 갈 때 질투와 시기심 때문에 내담자가 힘들어질 수도 있지만, 집단치료의 특성을 잘 이용하면 치료가 매우 큰 성공을 거둘 수 있다. 일단 그 집단의 치료 목표에 맞게 향해 가는 치료자의 작업뿐 아니라 집단 성원들이 보이는 내담자에 대한 반응은 내담자에게 매우 큰 영향력을 행사할 수 있기 때문에 잘만 된다면 효과가 크다.

가장 이상적인 것은, 집단 성원들이 연극성 성격장애자가 적절한 주장적인 행동이나 적절한 감정표현을 할 때는 관심을 가져주고 이에 대해서 칭찬해주며, 과도하게 극적인 행동을 하는 등 이제까지 보여왔던 부적응적인 행동을 할 때는 관심을 보이지 않거나, 바로 지적을 하거나, 적당한 처벌을 가하는 규칙을 만들어놓는 것이다.

앞에서 우리는 연극성 성격장애가 생기는 원인을 논의하면서 밀론의 이론도 함께 살펴보았다. 그런데 밀론은 정신분석 치료, 인지행동치료, 대인관계 치료 등 여러 치료에 모두 관심을 보였지만 자신의 이론과 관련된 독자적인 치료 방법은 제시하지 않았다. 연극성 성격장애자를 치료하는 데 있어서 그 내담자에 맞게, 그 내담자의 주된 문제에 맞게, 그 문제를 해결해가는 과정과 시기에 맞게 다양한 치료 기법을 동원하는 것이 좋다고 제안하며, 이에 대해서만 기술하고 있다. 따라서 여기에서는 밀론의 치료법을 따로 다루지는 않았다.

실제적으로 이루어지는 심리치료 장면에서는 여러 치료 기법을 절충하여 개인에게 가장 적합하다고 생각되는 방식으로 적용하는 경우가 많다. 어떤 이론을 따를 것인가 어떤 기법을 어떻게 사용할 것인가에 우선하여, 심리치료에서 가장 중요한 것은 결국 내담자에게 무엇이 가장 도움이 되고 유익할 것인가 하는 점이기 때문이다. ◆

4. 글을 마치며

우리는 이제까지 연극성 성격장애자는 어떤 사람들인지, 연극성 성격장애는 왜 생기는 것인지, 그리고 이러한 사람들에게 심리치료를 통해 어떻게 도움을 줄 수 있을지에 대해 살펴보았다.

연극성 성격장애를 치료하는 것은 길고 힘든 과정이다. 대체로 성격장애자들은 스스로 문제의식이 없는 경우가 많아서 치료 동기 자체가 높지 않기 때문이다. 또한 성격장애는 특정한 증상을 일차적 특징으로 하는 일반적 정신장애를 치료하는 것과는 매우 다르다. 이미 수십 년에 걸쳐 몸에 체득된 성격이기 때문에 이를 치료한다는 것은 매우 어렵고 시간이 오래 걸리는 작업이다.

과연 성격장애를 치료할 수 있을지 의문을 가지는 경우도 있다. 흔히 "성격은 못 고쳐"라거나 "그건 성격이니까 할 수 없어"라고들 한다. 당연히 성격을 고치기란 쉬운 일이 아니다. 그러나 인간은 누구나 자신의 진정한 모습을 알고 싶어 하고, 자신의 진정한 소망을 이루고 싶어 하는 동기를 지니고 있다. 이런 동기와 소망이 있기 때문에 우리는 괴롭지만 현실에 직면할 수 있게 되고, 유아적인 욕심과 고집을 꺾고 보다 현실적이고 성숙한 대처방식들을 배우게 되는 것 같다. 이런 작업이 쉽지는 않지만, 보다 안전한 치료 공간에서 전문적인 치료자와 협력함으로써 소기의 성과를 얻을 수 있는 것이다.

현실적으로 치료시간과 비용도 고려가 되어야 하고, 자칫 치료가 방향을 잃고서 내담자의 의존성을 키우는 수단으로 전락하지 않도록 주의해야 할 것이다. 내담자는 치료를 통해 자신의 삶 안에서 자신의 부정적인 행동이나 감정을 파악하고 이를 교정하는 등 스스로를 끊임없이 '치료'할 수 있는 '방법'을 체득해야 하고, 동시에 그러한 방법을 생활 속에서 시도하겠다는 각오를 마음속에 지님으로써 장차 치료를 종결하고 독립적으로 삶을 영위해갈 수 있어야 한다.

우리 주변에는 장애까지는 아니지만 연극성 성격 성향이나 특성을 가지고 있으면서 비교적 일도 잘하고 대인관계도 그럭저럭 꾸려나가는 사람들이 많이 있다. 이처럼 연극성 성격장애자들이 가지고 있는 성격 특성을 장점으로 발휘할 수 있도록 돕는 것이 때로는 더욱 중요할 수 있다. 생활하면서 어떤 심각한 문제나 갈등을 야기할 정도까지 되지 않도록 부적응적인 측면을 감소시키는 작업과 동시에, 이들이 가진 풍부한 감정과 사교적인 행동이 주는 장점을 적절하게 살릴 수 있는 구체적인 기술을 학습하도록 하는 것이다. 그러한 기술을 학습하는 방법은 아마도 그 사람이 처한 상황과 문제에 따라 달라질 것이다. 부적응적인 측면의 정도를 줄여주는 것과 장점을 살릴 수 있는 방법을 배우는 것은 서로 영향을 미쳐 상승 작용을 일으키게 되며, 한 부분에서의 변화가 다른 부분에서의 변화에도 파급 효과를 미치게 될 것이다.

이제까지 연극성 성격장애의 전반에 대해 이해하는 작업을 함께하였다. 우리 주변에는 연극성 성격장애자 혹은 스트레스를 얼마만큼 받느냐에 따라 장애의 정도에까지 이를 수 있는 연극성 성격 성향자가 적지 않다. 이들에 대해 우리가 제대로 이해할 수 있다면 갈등이나 문제를 미연에 방지하고 적절한 도움을 적절한 때에 줄 수 있을 것이다. 또한 이러한 성격장애자 혹은 성격 성향자들이 자신의 성격에 대해서 바르게 이해할 수 있다면 삶 속에서 스스로를 치료하고 또 적절한 도움을 받을 수 있을 것이다. 어떤 심리장애나 마찬가지로, 그것의 본질에 대해 잘 아는 것만으로도 어느 정도 도움이 될 수 있다.

삶을 살아가는 누구에게나 자신의 성격을 잘 이해하고 소소하게 겪게 되는 갈등을 지혜롭게 해결하는 방식을 배우는 것은 매우 중요한 일일 것이다. 성격의 장애를 통해 오히려 적응적이고 긍정적인 성격이 무엇인지를 배우고, 성격장애에 대한 심리치료를 통해 우리가 갈등과 문제를 적응적으로 해결한다는 것이 무엇인가를 배울 수 있을 것이다. ◆

참고문헌

서울대학교 교육연구소(1998). 정신분석 상담이론. 교육학 용어 대사전 (pp. 2315-2319). 서울: 하우동설.

윤순임(1995). 정신분석 치료. 현대상담 심리치료의 이론과 실제 (pp. 13-81). 서울: 중앙적성출판사.

황순택(1993) 전형성 평정에 의한 성격장애 진단준거 개발. 연세대학교 대학원 박사학위 청구논문.

Akhtar, S. (1992). *Broken structures: Severe personality disorders and their treatment.* Northvale, NJ: Jason Aronson.

American Psychiatric Association (2013). *DSM-5: Diagnostic and Statistical Manual of Mental Disorders* (5th ed.). Washington, DC: APA.

Beck, A. T., Freeman, A., & Davis, D. D. (2004). *Cognitive therapy of personality disorders* (2nd ed.). New York: Guilford. (민병배, 유성진 역. 성격장애의 인지치료. 서울: 학지사, 2008).

Clark, D. M., & Fairburn, C. G. (1997). *Science and practice of cognitive behavior therapy.* New York: Oxford University Press.

Fenichel, O. (1945). *The psychoanalytic theory of neurosis.* New York: Norton.

Gabbard, G. O. (1994). *Psychodynamic psychiatry in clinical practice: The DSM-IV Edition.* Washington, DC: American Psychiatric Press.

Horowitz, M. J. (1991). *Hysterical personality style and the histrionic personality disorder.* Northvale, NJ: Jason Aronson.

Joel, P. (1998). *Working with traits: Psychotherapy of personality disorders.* Northvale, NJ: Jason Aronson.

Kernberg, O. F. (1967). Borderline personality organization. *Journal of the American Psychoanalytic Association, 15,* 641-685.

Kernberg, O. F. (1985). Hysterical and histrionic personality disorder. In R. Michels & J. O. Cavenar (Eds.). *Psychiatry* (vol. 1, pp. 1-12). Philadelphia, PA: Lippincott.

Kernberg, O. F. (2002). *Borderline conditions and pathological narcissism.* New York: Jason Aronson. (윤순임 외 공역. 경계선 장애와 병리적 나르시시즘. 서울: 학지사, 2008).

Marmor, J. (1953). Orality in the hysterical personality. *Journal of the American Psychoanalytic Association, 1,* 656-671.

Mentzos, S. (1982). *Neurotische Konfliktverarbeitung: Einführung in die psychoanalytische Neurosenlehre unter Berücksichtigung neuer Perspektiven.* München: Kindler.

Millon, T. (1981). *Disorder or personality.* New York: Wiley-Interscience.

Millon, T. (1996). *Disorders of personality: DSM-IV and beyond* (2nd ed.). New York: Wiley.

Pervin, L. A. (1996). *The science of personality.* New York: Wiley.

Reich, W. (1933). *Character analysis* (3rd ed.; V. R. Carfagno, Trans.). New York: Farrar, Straus, & Giroux.

Shapiro, D. (1965). *Neurotic styles.* New York: Basic Books.

Sutker, P. B., & Adams, H. E. (Eds.). (1993). *Comprehensive handbook of psychopathology* (2nd ed., pp. 437-450). New York: Plenum.

Yeomans, F. E., Clarkin, J. F., & Kernberg, O. F. (1975). *A primer of transference-focused psychotherapy for the borderline patient.* New York: Jason Aronson. (윤순임 외 공역, 경계선 내담자를 위한 전이초점 심리치료 입문. 서울: 학지사, 2013).

찾아보기

◎ 저자 소개

김정욱(Jung-wook Kim)

서울대학교 심리학과를 졸업하고 동 대학원에서 상담심리학 전공으로 석사학위와 박사학위를 받았다. 이후 약 4년간 서울대학교 학생생활연구소에서 상담연구원으로 근무하였고 1998년부터 2016년까지 서울정신분석상담연구소에서 연구원 및 부소장을 지냈다. 서울대학교, 가톨릭대학교, 연세대학교, 성신여자대학교, 덕성여자대학교 등에서 강의하였고, 현재는 마인드앤소울 심리상담센터 소장으로 재직하고 있다. 한국심리학회 공인 상담심리전문가(113호)다. 주요 저서로는 『연극성 성격장애』, 주요 역서로는 『멜라니 클라인』 『경계선 장애와 병리적 나르시시즘』(공역), 『전이초점 심리치료 입문』(공역) 등이 있으며, 상담심리학회 및 임상심리학회에서 「경계선 내담자에 대한 정신분석심리치료」 「정신분석적 사례공식화」 「전이초점심리치료」 「자기 심리학」 등을 발표하였다.

한수정(Suejung Han)

서울대학교 심리학과를 졸업하고 동 대학원에서 임상 및 상담심리학 전공으로 석사학위를 받았다. 서울대학교병원 신경정신과 임상심리연수원에서 3년간 수련을 마치고 임상심리전문가 및 정신보건임상심리사 1급 자격을 취득하였다. 미국 퍼듀 대학교(Purdue University)에서 상담심리학 박사학위를 받고, 위스콘신 주립대학교 스타웃(University of Wisconsin-Stout)을 거쳐 현재 일리노이 주립대학교(Illinois State University) 심리학과 조교수로 재직 중이다.

ABNORMAL PSYCHOLOGY 20

연극성 성격장애 허기진 애정과 관심

Histrionic Personality Disorder

2000년 8월 20일 1판 1쇄 발행
2014년 11월 25일 1판 7쇄 발행
2016년 10월 25일 2판 1쇄 발행
2022년 9월 20일 2판 3쇄 발행

지은이 • 김정욱 · 한수정

펴낸이 • 김 진 환

펴낸곳 • (주) **학지사**

　　　　04031 서울특별시 마포구 양화로 15길 20 마인드월드빌딩 5층

대표전화 • 02) 330-5114　　　팩스 • 02) 324-2345

등록번호 • 제313-2006-000265호

홈페이지 • http://www.hakjisa.co.kr
페이스북 • https://www.facebook.com/hakjisabook

ISBN 978-89-997-1020-4 94180
　　　978-89-997-1000-1 (set)

정가 **9,500원**

저자와의 협약으로 인지는 생략합니다.
파본은 구입처에서 교환하여 드립니다.

이 책을 무단으로 전재하거나 복제할 경우 저작권법에 따라 처벌을 받게 됩니다.

이 도서의 국립중앙도서관 출판 시 도서목록(CIP)은 서지정보유통지
원시스템 홈페이지(http://seoji.nl.go.kr)와 국가자료공동목록 시스템
(http://www.nl.go.kr/kolisnet)에서 이용하실 수 있습니다.
(CIP제어번호: CIP2016024029)

출판미디어기업 **학지사**

간호보건의학출판 **학지사메디컬** www.hakjisamd.co.kr
심리검사연구소 **인싸이트** www.inpsyt.co.kr
학술논문서비스 **뉴논문** www.newnonmun.com
원격교육연수원 **카운피아** www.counpia.com